LO TIENES
TODO
Y TOCAS
FONDO

LO TIENES *TODO* Y TOCAS *FONDO*

TE CUENTO COMO MI CRISIS
FUE MI OPORTUNIDAD

María Enriqueta Cruz

Este libro se lo dedico a mis padres, mis hijos y mis amigas que me han acompañado en todo este proceso…
Vivir esta experiencia tan intensa me llevó a replantearme QUIÉN SOY

Mis familiares y amigos saben que escribí un Libro y están a la espera de la publicación pero muy pocos saben sobre qué es el Libro.

Durante el proceso de publicación, me he enfrentado a distintas opiniones. Unas me han cuestionado mi decisión por el famoso "qué diran" otras me han llamado "valiente" porque muy pocas personas en mi caso se atreverían a exponerse de esta forma. Yo lo llamo encontrarte contigo misma.

Hoy en día puedes contar tu historia, puedes dar tu opinión siempre y cuando tengas la fortaleza y madurez de enfrentar las consecuencias. Por eso decidí hacerlo, en epocas anteriores otras generaciones no tenían esta libertad, sobre todo las mujeres. Por ellas lo hago, por las que quisieron contar su historia, aportar su granito de arena al mundo y no se los permitieron por cualquier motivo. Hoy con este libro derrumbo esa barrera.

Este libro támbien se los dedico a ustedes, a mis mujeres. En especial, mis antepasados y a todas esas generaciones que no les permitieron gritar sus voces llenas de color y sentimientos.

ÍNDICE

Decidí escribir este libro para ustedes de un día para otro. No es una novela ni es ficción, es un hecho de la vida real, de mi vida en particular. *Les voy a contar como toqué fondo luego de una experiencia que viví en octubre del 2018 que marcó mi vida de manera definitiva. Soy una María Enriqueta muy distinta a la de antes, la razón por la que quise compartir mi historia con ustedes es porque nadie que actúe como yo lo hice está exento de protagonizar esta experiencia, nada agradable por cierto, ha sido muy duro. Espero que entiendan el por qué lo escribo, el por qué decidí desvestirme, abrirme y entregarles mi corazón, solo quiero ahorrarles el vivir mi mal momento, mi noche sin fin. Una noche llena de angustia y lágrimas que cambió mi vida para siempre.*

Creo que no tenemos derecho a juzgar a nadie, el que esté libre de pecado que lance la primera piedra. En esta vida todos nos hemos equivocado alguna vez como mínimo, todos hemos tomado una mala decisión en algún momento determinado.

Lo importante es aprender de lo vivido. Aplicar la lección en el día a día de nuestra vida, saber que la experiencia quedó en el pasado y la culpa debe quedar con ella, debemos traernos al presente solo la lección aprendida, es la única manera de sacarle provecho a la situación. Eso es lo que quiero transmitirles, como le di un giro de 180 grados a mi vida partiendo de la peor y más larga noche en mis 47 años.

Mi mayor anhelo es que éste libro les sirva y cumpla su cometido, les deseo la mejor de las suertes, y recuerden que su vida es muy importante, vale oro, nunca dejen de cuidarse.

Espero que disfruten y sobre todo aprendan de este libro.

Capítulo 1:
CON TODO A MI FAVOR

CAPÍTULO 1

CON TODO A MI FAVOR

¿Quién Soy?

Soy hija única, tengo 47 años de edad. Me he divorciado dos veces, tengo dos hijos maravillosos. Un varón de 20 años y una hembra de 17, son mi vida, lo que más quiero, lo que más le agradezco a Dios. Son mi fortaleza, mi horizonte, mi mayor bendición, mi tesoro más grande, más preciado y el que resguardo con más recelo de todos.

Soy hija de unos padres maravillosos, los mejores padres que pude haber escogido, si escogido como leen. Hace poco me enteré que uno escoge a sus padres, después de haberme enterado, lo he vuelto a leer y escuchar en repetidas oportunidades y lo creo, tuve muy buen ojo, porque son los mejores padres que pude haber escogido. Me han sabido comprender, apoyar, acompañar en absolutamente todas y cada una de las etapas de mi vida, no han sido más que certeros en absolutamente todo lo que me han dado, yo siento muchísimo orgullo de ser hija de ellos, de llevar el nombre de los dos, mi

3

mamá se llama María, mi papá se llama Enrique y yo me llamo María Enriqueta. Mi nombre me hace sentir que soy el lazo que los une, el resultado del amor que existe entre ellos, también gozo de la bendición de que sigan hoy juntos queriéndose, respetándose, admirándose y aceptándose como son. Crecí viendo ese respeto, amor y consideración que se tienen el uno al otro, como no sentirme orgullosa de pertenecer a una familia así.

Ellos han sido un gran apoyo. Padres que son y están siempre en todos mis momentos, son solidarios y leales, me han inculcado todos esos valores de lealtad y consideración.

Todos tenemos errores, todos los cometemos, nos equivocamos y ellos siempre me han tendido la mano: "Venga hija, te ayudo, te levanto, no te preocupes, lo importante es que seas feliz, yo estoy contigo, no estoy de acuerdo con lo que estás haciendo pero igualmente cuenta conmigo, igualmente soy tu apoyo". Como no amarlos desde el más allá.

Obviamente, hubo un par de veces que escuché "te lo dije", mucho más de solo un par para ser más precisa. Recuerdo que me hacía un ruido gigantesco en la cabeza, pero no creo que les esté diciendo nada raro, a todos alguna vez nos han dicho "te lo dije" y creo que a todos nos molestó o nos molesta. Yo decía: Cuando sea grande y sea mamá también voy a decir te lo dije y lo disfrutaré!, y sí

4

también lo he dicho pero entiendo ahora que soy mamá, que el "te lo dije", es mas ¿por qué no me escuchaste? te hubieses ahorrado un dolor, no un "te lo dije" por la satisfacción de tener la razón. No queremos ganar la batalla, todos estamos dispuestos a perder con tal de que nuestros hijos brillen y no se golpeen, por protegerlos de cualquier cosa a que se enfrentan en la vida. También he aprendido que nadie aprende por experiencia ajena, así que hay que entender a cada hijo, cada quién tiene su propia personalidad, su manera de ser, lo que lo define, lo mejor es ser tolerantes y permitirles ser lo que ellos quieran ser.

Mis padres me han permitido a mí ser lo que yo he querido. Tal vez las circunstancias no me lo han permitido, pero por algo que me he exigido yo personalmente, no es algo que me han impuesto mis padres jamás y nunca. Y en este episodio de mi vida en particular que les voy a relatar más adelante en este libro, me lo demostraron. Y entendí que he sido yo la que me he exigido más de la cuenta y he querido ser perfecta. A lo mejor porque al tener unos padres tan maravillosos y sentirme tan bendecida, me siento en la obligación de ser recíproca y ser la mejor hija para ellos. Todo lo que les he dado, lo he hecho desde el fondo de mi corazón, se lo merecen, es más estaré en deuda toda mi vida, por todo lo que he recibido y me han dado.

¿Qué Me Gusta?

A Quequeta, (así me llaman la mayoría de mis amigos) le gustan, obviamente, las bondades de la vida y el confort. Es el estilo de vida que siempre ha llevado. Nunca me ha faltado nada. Me gusta vivir bien, me gusta todo lo bueno, como a todo el mundo, pero no me considero una persona materialista ni sifrina como decimos en Venezuela, no le doy mucha importancia al envase sino más bien al contenido. Con esto me refiero a que me gusta tener cosas de buena calidad, no necesariamente tienen que ser de marca. Amo una oferta y las persigo, un buen restaurante con servilleta de tela (broma interna en la familia, para referirnos a lo bueno).

También, me gusta mucho compartir con la gente, estar rodeada de personas. Soy bastante sociable pero al mismo tiempo reservada. No soy de contar mi vida, ni de compartirla con todo el mundo, soy celosa de mi intimidad. No le presento a mis padres ni a mis hijos a cualquiera, pocos entran a mi vida personal pero no por desconfianza ni nada de eso, es simplemente porque es mi tesoro, mi casa es mi templo. También lo hago por respeto a mis hijos, también es su espacio, su templo y realmente nosotros somos una familia que nos movemos en el respeto más que todo, es como funcionamos. Nos respetamos el espacio, nos respetamos la manera de ser, podemos aconsejar, advertir, podemos dar nuestra opinión, pero nada es impuesto, practicamos el libre albedrio.

Volviendo a lo que me gusta como Quequeta "la amiga", me gusta salir a comer, a tomarme algo, compartir y bailar. Bailar es una de las cosas que más disfruto, me habría gustado cantar, pero soy la peor cantante que pueda existir en el planeta. O sea, puedo invocar el peor de los huracanes si me decido a cantar. No me atrevo hacerlo ni en la ducha, porque de verdad que me da terror que se vaya el agua y quedarme con el champú en la cabeza y enjabonada. Se iría el agua, con tal de no oírme. Sin exagerar soy muy, muy, muy mala cantando, pero me habría encantado poder hacerlo. Tal vez no una cantante famosa, pues no aspiro a tanto, pero cónchale por lo menos haber tenido una voz melodiosa, pero es que hasta a mí misma me hace ruido mi voz. ¡Qué mal lo hago!, pero bailar si se me da bastante bien. Entender a la gente también se me da bastante bien, pero creo que no se me da muy bien el ser entendida. Muchas veces me siento como un bicho raro, una extraterrestre, a veces hago cosas esperando un resultado y resulta que no llego ni medianamente cerca a lo que pensaba que podía obtener.

En conclusión soy una persona sociable, me gusta compartir, me gustan los momentos en familia, tener amistades cerca, adoro a mis amigas entrañables, así las llamo yo, las hermanas que la vida me ha regalado, tengo el placer de contar con unas cuantas, por supuesto las puedo contar con una mano pero uso todos los dedos y para mí esa es una bendición también, por tanto lo agradezco, lo valoro y haría cualquier cosa por esas amigas mías, cuentan conmigo al 100%. A lo mejor no lo saben, no lo sé, pero bueno, se los digo aquí en este pedacito de libro porque sé que todas me están leyendo, cuentan conmigo para lo que necesiten por el resto de nuestros días porque el molestarnos, el pelearnos no es una opción para nosotras. Con la otra mano cuento a mis amigos, ahí solo me sobra un dedo, me siento también bendecida por esto, sigo viva, en cualquier momento alguien ocupa ese otro dedo.

Salir de Mi Zona de Confort... ¡Qué Duro!

¡Qué duroooo! sí, tantas veces escuché de la bendita zona de confort! Yo decía: ¿Quién va a querer salir de la zona de confort?, pero ¿cómo es esto de la zona de confort? no entiendo!, ¿Cómo que cada quien tiene una zona de confort?¿Hay gente que no vive en zona de confort? y totalmente confundida. No entendía muy bien esta terminología hasta que por supuesto (y en esto mis compatriotas me entenderán), todo venezolano que pudo salir de Venezuela o escogió hacerlo buscando una mejor oportunidad para sus hijos, hoy domina la terminología a la perfección. Tenemos máster y los que estén recién salidos del País, se acaban de inscribir, no se preocupen, las clases son intensivas. Como tip les digo existan en modo "flojito y cooperando" facilita mucho más la adaptación.

Ya les comenté que mis hijos son mi tesoro más preciado y no hay nada en esta vida que yo no haga por ellos y su bienestar. Tomé la decisión de venirnos a vivir a Miami, pero a la ligera, de lo más deportiva yo, olímpicamente me digo: ¡Ay no!, tengo casa en Miami, ¿cuál es el problema?, me puedo ir para allá. Mis hijos son prácticamente bilingües, lo que necesitan es perfeccionar un poquito el inglés y ya, los pongo en un colegio privado, ¿qué tanto?. Ellos estaban en edad de high school y ya me habían dicho que era mejor en privado, que la edad difícil y blablabla. Una prima me recomendó un colegio privado buenísimo donde estudió su hija, me digo, qué tan complicado puede ser.

Bueno sí, traje a los niños, hicieron su exámen de admisión y los admitieron. Estaba todo listo, el abogado: "Si María Enriqueta tienes doble nacionalidad" porque soy española por mi papá y venezolana de nacimiento y corazón. Me recomienda hacer mi inversión como española porque hacerlo como venezolana es bastante duro y muy alta la inversión. Me convenció y lo contraté, en cuestión de 5 a 6 meses ya tenía solucionado el detalle de visa de inversión. Ya tenía casa, los niños tenían colegio, pues ¿Y qué más? ya estoy lista, está todo cuadrado, a hacer maletas... ajá pero el detallazo, ¡se me olvidó pensar en lo que estaba dejando atrás! porque al final no lo estoy dejando me decía yo. Si no me va bien igual me devuelvo, trabajo con mi papá, tengo la empresa de mi papá, ese trabajo siempre me va a estar esperando, no es que me voy a devolver y voy a estar desempleada en lo absoluto.

9

¿Y las amistades?, bueno las amistades no las voy a perder porque ahora con tantas maneras de uno comunicarse por Dios, siempre voy a poder hablar con ellos. Siempre voy a contar con ellos, siempre van a estar ahí, y yo para ellos. No me parecía que era un mal de morir y dije: No, en Miami hago amistades fácil. Tengo un par de primas que viven allá y seguramente que me haré amiga de las amigas de ellas y va ser fácil porque la verdad yo las veces que viajo para allá me la paso súper bien.

En realidad siempre la pasé súper bien, siempre fue muy rico pero bueno, como dice el chiste "Una cosa es turismo y otra muy distinta es migración". Ha sido durísimo, ¡durísimo!.

Obviamente llegué y no me encontré en lo absoluto con lo que me estaba esperando. Mis hijos no se adaptaban al colegio, no les gustaba el sistema, es totalmente diferente a lo que venían acostumbrados. Nosotros vivíamos en Puerto Ordaz que es una ciudad pequeña en Venezuela donde prácticamente todo el mundo se conoce, mis hijos estudiaban con los hijos de mis ex compañeros de clase, con los que crecí en el colegio, mis amigos de toda la vida. Imaginense la familiaridad a la que ellos estaban acostumbrados, la tranquilidad con la que se movían entre sus amigos y la tranquilidad con la que yo los dejaba también moverse, porque era un privilegio del que todos disfrutamos al máximo, el problema era la situación de inseguridad que nos rodeaba.

Llegamos aquí y resulta que tú persigues al profesor y cambias de salón de clase. No tienes siempre los mismos compañeros, ¡claro que se te hace difícil hacer ese amiguito! En Venezuela, ese amiguito lo haces con solo pestañar, te acompaña desde las 8:00 am que entras al colegio hasta la 1:45 pm que sales. Aquí no, aquí a lo mejor no coincides en ninguna clase con ninguno, o coincides una o dos veces. Este es el último año de mi hija y ha coincidido con estudiantes del colegio en la calle, sin saber que estudian en su colegio. En Puerto Ordaz conoces a todos, desde Kinder hasta el último año, y bueno se les hizo bastante difícil para no hacerles el cuento largo.

Por la otra parte estaba yo, no conozco a nadie, no tengo amigas, no soy de esas mamás que están metidas en el colegio, y gracias a Dios que no lo soy porque aquí no te permiten ser una mamá que está metida en el colegio. Aquí entrar en un colegio es la cosa más complicada que hay. Eres bienvenida hasta la recepción y allí haces lo que tienes que hacer y ya está, tú no puedes entrar ni caminarlo, yo no sé ni cómo lucen los pasillos del colegio de mis hijos. Totalmente opuesto a los colegios en Venezuela.

Mis padres siguen en Puerto Ordaz. En aquella situación difícil que se está viviendo en mi país. Yo sé que nos extrañan muchísimo. Mi papá es muy serio, parco, él no es emotivo, pero yo sé que cuando me ve se derrite jeje, los ojos le brillan, está orgulloso de mí, y me quiere con todo el corazón, súper bonito. Quiere lo mejor para mí y siempre me ha dado lo mejor de él.

Mi mamá es una bola de nieve de amor. Es la persona más caritativa que he conocido en mi vida. Justa, cariñosa, leal, considerada, preocupada, no preocupada no, ocupada. Mi mamá no se preocupa, mi mamá se ocupa de todas las personas que están a su alrededor, es la gorda más bella que existe en el planeta. Amo muchísimo a mi mamá y tenerla lejos es duro. Es muy duro porque las dos somos uña y sucio, las mejores amigas, somos entrañables y a veces nos reímos porque muchísimas veces la llamo y me dice "Dindo estaba a punto de llamarte" y yo: Wow Dindo viste, me adelanté, también estaba pensado lo mismo. Nos ocurre muchísimo. Sí, les aclaro nos llamamos Dindo, Dindo es como tú decir lindo en chiquito. Tengo 47 años pero sí, todavía mi mamá me habla como que si yo fuese una bebé, como si fuese una niña y yo a ella le hablo igual porque ella es mi mami, pero también es mi bebé grande y somos muy unidas. Tenemos una conexión muy especial. Conexión especial que también tengo con mis hijos y creo que fue ella que me enseñó a hacerlo.

Dejar eso atrás no lo había calculado, no había calculado lo que los iba a extrañar. La falta que me hacen, cómo vas a pensar que vas a extrañar algo que siempre has tenido. No puedes extrañar algo que siempre ha estado allí, no sabes que se siente no tenerlo a la mano, al pié del cañón. Nunca pensé que me iban a hacer tanta falta, que me iba a sentir tan perdida y tan sola sin ellos.

Retrocediendo un poco …escasos añitos… cuando estás adolescente tus papás te fastidian, son un estorbo, te preguntas: ¿Dios mío por qué no se ocupan en otras cosas? ¿Por qué no buscan un hobby? algo, déjenme en paz. Esto se lo digo a algún jovencito que me esté leyendo (espero que sí), te entiendo, pase por eso, soy hija única. YO FUI ¡EL HOBBIE! Y te tengo noticias, tú vas creciendo y te vas dando cuenta que rico es tener a mami al lado, sobre todo cuando te vuelves mamá. Empiezas a valorar y todo calza, los entiendes y hasta practicas el mismo hobbie que ellos. Eres la fan numero 1 de tus hijos.

Todo es perfecto, hasta que decido venirme para acá. Ya en el cuarto piso de la vida, las realidades te alcanzan, empiezas alejarte el celular porque ya no ves bien, cuestión de enfoque (los que están en el 4to. piso me entienden o no tardan en hacerlo), entiendes que ya hay cosas que no se te hacen tan fácil. Te consuelas con que no estás tan atrás como tus padres en lo que es tecnología pero tampoco estás a la vanguardia cómo están tus hijos. Te das cuenta que el mundo está avanzando un poco más rápido que tú y tu compañía es obviamente tu gente, tus quereres. Ha sido duro, bastante duro pero parte del crecimiento personal.

13

¡Wow Cada Vez es Más Duro!... ¿Cuándo Acaba?

Ya estoy acá, extrañando a todos. El plan que tenía en mente de contar con las amistades que tenían mis primas acá no se dio. No es importante, no todos le caemos bien a todo el mundo. No todas las personas somos iguales, no todas estamos en la misma sintonía, compartiendo los mismos placeres de la vida. El caso es que eso no se dio. Okay, como no se da, empiezo a tratar de hacer amistades y me obligo a salir. Bajo un poco los estándares de con quién ando y con quién no. Siempre he sido muy selectiva con mis amistades, no las selecciono en función de qué hacen sino cómo lo hacen, quiénes son en su interior. Como dije antes, no me preocupa tanto el envase, la apariencia y como te vistes, que posición social tienes. Eso no me importa, lo que me importa es qué tienes dentro de ti.

Me gusta estar con gente que me sume, no que me reste. Como me dice uno de mis amigos de la otra mano: "Si no me vas a dar, no me quites". Siempre he tratado de seleccionar bién, es algo que me enseñaron desde pequeña y que la vida me lo ha confirmado "Dime con quién andas y te diré quién eres", una gran verdad porque sí te afecta y a tu entorno. Afecta quién eres tú, tu día a día, puedes hasta empezar a cambiar tu perspectiva de vida, tu enfoque, tu manera de ver las cosas, como dice el dicho (soy una persona de dichos) "Tanto va el cántaro al agua hasta que se rompe" o este que me gusta mucho más "no solo hay que ser señora, hay que parecerlo" Entonces traté de hacer muchísimas amistades y no había forma ni manera. No terminaba de calzar, siempre surgía algún problema, siempre pasaba algo, al parecer mi simple presencia molestaba, perturbaba, solo mi simple existencia.

Sentía que las personas no me leían, no me entendían, no me conocían y no se daban la oportunidad de conocerme. A veces nos casamos con el pre-juicio que nos hacemos de una persona y las apariencias a veces engañan. Tienes que profundizar un poquito más antes de aniquilarla sin haberle dado la oportunidad. Me ha pasado que alguien en principio no me cae bien y luego me resulta súper simpática. Al parecer soy de las que caigo mal, la gente asume de mí algo que no soy, lo que reflejo está totalmente lejos de quién soy realmente. La Astrología dice que tu signo es quién eres (Géminis) y tu ascendente (Virgo) es como la gente te ve, pero este es un tema largo, profundo y que no domino. Yo creo que mi mayor engaño es justamente que reflejo una verdad totalmente lejana de la realidad de quién soy y eso me duele muchísimo.

¡Lo Tengo Todo!... Pero Se Siente Como Si No Tuviese Nada.

Sí, como les expliqué, vengo de una buena familia, gozo de buena salud. Mís padres, como los de cualquiera que están en la tercera edad. Cuidan su tensión, su pastillita para el azúcar pero hasta allí, están súper bien, Dios los siga manteniendo saludables y me duren muchísimo más. Cada año en sus cumpleaños renuevo el contrato quc deben mantenerse vivos 30 años más, ¡sin restar cuando vuelven a cumplir! eso no es válido y siempre nos reímos cuando lo digo.

Tenerlo todo y sentir como que si no tienes nada, es ese vacío que tal vez viene acompañado del estar acá. SIn tener oficio, sín trabajar, sín tener algo productivo qué hacer aunque no se trata de trabajar, se trata de sentirte productivo, de sentirte con un rumbo. No es que estoy sin hacer nada, estoy con mis hijos, apoyándolos. Desde Venezuela había decidido dedicarme a ellos para que el cambio no fuese tan duro. Los llevo al colegio, los busco, les cocino, les lavo, les plancho pues lo que hace una mamá ama de casa...Jeje... Sí, me tocó empezar a hacer lo que en Venezuela pagaba porque me hicieran. Allí trabajaba y obviamente no queria estar lavando y planchando, y menos después de llegar de trabajar. Yo llamo "Mí misma" (osea YO) a la doméstica que hace los quehaceres. Fabulosa mi amiga que emigró a Medellín (una de los dedos de mi mano), también llama " MI MISMA" a su alter ego doméstico. A ninguna de las 2 nos gusta esta faceta. Es que eso solo sucede en los comerciales de los detergentes, que la gente limpia con una sonrisa en la cara. No existe nadie que limpie con una sonrisa en la cara, créanme y si me pisan el suelo que acabo de coletear, se levanta el techo de la casa, lanzo miradas fulminantes y escupo sapos y culebras por la boca. De hecho necesito estar sola en la casa para limpiar, o sea, cuando todos se van es cuando yo limpio, justamente porque no quiero que me pisen, ni que me hagan nada que me ensucie la casa. Aclarando, pretendo que leviten después que limpio, es la consideración mínima a la que aspiro.

Volviendo al tema, hablo mucho sorryyy, siento que no tengo nada porque me falta esa parte social, me falta esa parte de compañía, me falta esa parte de bienestar que te ofrece el interactuar con otros seres humanos. Sí me sentia querida por mis seres directos, porque bueno cómo no te van a querer tus padres, tus hijos y cómo no los vas a querer tú a ellos, pero uno quiere que te quieran unas personas que no tiene por qué quererte, o sea, no por consanguinidad, hay consanguíneos incluso que no te quieren. Tú quieres que te quieran porque tú eres un ser humano que vale, que tiene mucho que dar y eso se me estaba haciendo cada vez más difícil, muy duro.

Hasta que por circunstancias de la vida entro en un grupo de venezolanas con las que empiezo a generar empatía. Una de ellas estaba en la misma situación que yo, con sus hijos, separada más no divorciada pero con una posición económica estable, sín necesidad de trabajar, igual que yo y enseguida hicimos amistad. Yo sentí inmediatamente chévere, no soy yo la bicha rara, somos dos en las mismas circunstancias. No nos señalábamos la una a la otra sino que nos agarramos de la mano. Lo conversábamos y entendíamos que eso es un beneficio, porque es que llega un punto en que la sociedad

17

se voltea a verte y te ve como un bicho raro, y hasta de manera despectiva porque cómo puedes andar en la vida así ¡sin trabajar!. ¿y por qué no puedo andar por la vida así sin trabajar?, era mi pregunta interna. Me dedico a otras cosas, ni siquiera entiendo cómo alguien se atreve hacerle esa pregunta a otra persona. ¿Cómo puedes criticar a alguien porque goza del privilegio de no trabajar y lo ejerce?, si a ti te toca trabajar, tú estás trabajando para llegar allí. Y ya yo estoy allí, pero me lo criticas. Como les dije, siempre se me ha hecho difícil el ser entendida porque yo tengo una manera muy práctica de ver la vida: no me meto con nadie para que nadie se meta conmigo. Respeto para que me respeten. No es que yo respeto porque soy boba, no. Yo respeto para que me respeten, con mi respeto te dejo visibles los límites y no me gusta que los traspasen. No lo permito porque no lo hago, aja sí Quequeta tiene mal carácter, claro.

Entonces conocí esta amiga, me voy a referir a ella como Belleza porque es su palabra, así nos saluda a todas "hola belleza" además que la define totalmente. Es uno de los dedos de mi mano, ella es una belleza por dentro y por fuera, es más, el envase no le hace mérito a su interior. Como dije, éramos un grupo con el que compartí por meses, mucho tiempo. Todos los jueves nos reuníamos, nos íbamos de Happy Hour pero igual no era eso lo que yo añoraba, no se terminaba de llenar ese nada, ese vacío seguía allí y no me sentía que pertenecía a ese grupo 100%.

Estoy Sola... Exrañando a Mi Petit Comite.

Mi Petit Comité es el grupito con el que yo me frecuentaba en Puerto Ordaz. Son mis amigos de años, de toda la vida. Ya les mencioné que es una ciudad pequeña, yo la llamo Pueblo Ordaz y ese grupito que siempre me acompañó, mis mejores amigos, que todavía hoy lo siguen siendo, son mis hermanos, son los tíos de mis hijos. Los dedos de la otra mano, ellos emigraron a Madrid.

Teníamos eso del Petit Comité, "noche de mujeres con historia y hombres también" jajaja hasta nombre tenían nuestros encuentros! y nos reíamos muchísimo. Siempre añoraba esos jueves de vinos con ellos y ellas, amigas que conservo desde Kinder, una bendición mi Pueblo. Siempre los añoro, siempre los recuerdo, siempre los tengo en mi mente. Fueron momentos súper bonitos y que nunca voy a olvidar, creo que estaba tratando de compararlos a ellos con este nuevo comité de aquí en Miami, que no se parecían ni medianamente a mi Petit Comité. Primero no se pueden comparar años de amistad, con solo meses conociendo a una persona, faltan muchas vivencias, mucho tiempo de compartir, de caerte y que te ayuden a levantarte, de ese tender la mano, esa solidaridad, ese aquí tienes mi hombro. Eso no es algo que se construye en meses nada más, solo con aquellas personas que haces click como que las conocieras de toda la vida, y es el caso de Belleza que es quién me abre las puertas a este grupo, las otras no me querían o les era totalmente indiferente y yo sin entender porqué, no las conocía ni me conocían, como dije antes, al parecer mi mera presencia les molestaba.

Con Belleza al poco tiempo ya teníamos una amistad muy bonita, es que ella es un ser humano súper especial, al que siempre le voy a estar agradecida porque con ella he aprendido muchísimas cosas. Ella me devolvió la esperanza de que la amistad verdadera si existe y si puedes hacer amigos en corto tiempo, amigos verdaderos, por ella es que el dedito sin dueño de la otra mano, no sobra, esta esperando su dueño, ella abre esa puerta en mí. Solamente tienes que esperar que aparezca esa persona genuina y aprovecharla, y por supuesto estar allí para ella, porque no es cuestión de solo recibir, también tienes que dar. Tienes que sembrar esa semilla y tratarla con muchísimo cariño para que esa plantita se fortalezca y florezca.

El Petit Comité sigue haciéndome mucha falta, sigue existiendo, por supuesto que seguimos hablando, no hacerlo es imposible, somos inseparables pero no estamos en las mismas ciudades, entonces tuve que asumir esa realidad y seguir en la búsqueda.

En La Búsqueda De Llenar Esa "Nada".

Sigo con mi amiga Belleza, cada vez estamos más unidas y somos más amigas. Empezamos a conocer más gente, comenzamos a salir. Ya no era nada mas los jueves, también de repente un sábado, un viernes, un martes. Empieza mi vida como a tener color, empiezo a socializar. La pasé súper bien, fue una época súper divertida de mi vida, muy disfrutada. Ciertas cosas empezaron a preocuparme, pero no le daba mucha importancia porque para mí lo importante era conocer esas amigas, llenar esa nada, y ya las tenía, ya estaban allí entonces ahora ¿de qué me quejaba? Siempre inventando algo, ¡buscando sarna para rascarte!, quédate quieta, todo está bien, no le des tanta mente a las cosas. Siempre me dicen que soy muy mental y muchas cosas me las tomo personal y eso no está bien, pero empiezo como que a auto-analizarme y a ser mi coach. Me convierto en "mí misma la psicóloga frustrada" que llevo por dentro. Me digo, no vale tranquila María Enriqueta, te lo estás inventando: estás viendo monstruos donde no los hay, esto no es así, no es como lo estás viendo. Esa nada no existe, claro que estás bien, claro que ya tienes tus amigas que tú quieres, las que tanto querías. El novio aparecerá algún día y allí estaba, en esa lucha en que, no se entiende tenerlo todo y sentir que no tienes nada, sentir que estás vacía, es incongruente. Yo no podía dar crédito a que eso me estuviese sucediendo, no porque mi grupo fuese malo ni nada por el estilo, pero no era suficiente, esta nada seguía haciendo acto presente.

Esta Nada Es... In sa cia ble.

No hay manera de llenar el vacío. No importan las amistades que tenga, no importa las veces que salga, no importa que me aparezca una que otra conquista por ahí, una más aburrida que la otra si soy sincera. Y empiezo: ¿Dios mío cómo hago, qué hago, por dónde me meto, qué me invento? Una de las amigas del grupo me comenta de un curso que es como un círculo de logro personal. Decido inscribirme y fue uno de los cursos más enriquecedores que he realizado en mi vida. Me ayudó muchísimo a darle a mi vida un enfoque distinto, a ver las cosas desde un punto de vista diferente, a llenar mi mente de pensamientos positivos, a no pensar en lo que no tengo sino en agradecer por lo que tengo, a vivir en abundancia, ese es el lema de ellos, y mi vida empieza a agarrar color pero colores bonitos, intensos.

Así como cuando te asomas por la ventana y el sol está brillando, ves las nubes y ese cielo azulito, la grama está más verde de lo normal, los árboles más grandes y frondosos. Tu casa te empieza a gustar más, tu jardín, tus hijos, tu familia, lo que tienes, lo que te ha acompañado siempre. Todo eso siempre ha estado allí pero no nos paramos a disfrutarlo, a apreciar y agradecer lo que tenemos y lo que hemos tenido. Yo estaba enfrascada en ver lo que había dejado atrás en Venezuela, lo que había perdido. El que no tenía mi mamá y a mi papá al lado para ponerme la mano en la frente cuando me dolía la cabeza. En vez de agradecer que estaban allí, que podía levantar el teléfono y hablar con ellos y que vienen tres o cuatro veces al año. O sea, tanto que agradecer y yo enfrascada en lo que no tenía. En que no tengo novio, en que no tengo mi Petit Comité y a la final ni yo misma me entendía… Fíjense mi error, cuando uno se enfrasca en el negativismo; sin tener novio ya el novio me hacia ruido. Este era mi pensamiento "porque claro, llega a tu vida y lo primero que quiere es venir a organizarte, a decirte como tienes que hacer las cosas, como que si tu vida estuviera en desorden antes de que él llegara, ¿Dios mío por qué es así? eso rondaba en mi mente y luego me preguntaba ¿por qué no levanto ni polvo? Jajajaja… pero bueno, no sé cómo es la cosa que dicen que los hombres son de Marte y las mujeres somos de Venus. Yo no sé de dónde son ni cómo son, pero honestamente señores también dejen de estarle queriendo organizar la vida a uno y queriendo tener el control de todo. Ustedes son un compañero en la vida de una persona, no un mini papá recién llegado a la vida de uno. Este pensamiento "errado" no llego de gratis a mi cabeza. Supongo que ya tienen claro que el círculo no me funcionó en esa parte, aunque estuvo cerca, pero eso es material para otro libro.

No Hay Peor Ciego Que El Que No Quiere Ver.

Claro todas estas cosas me estaban haciendo ruido porque obviamente estaba no solamente fuera de mi zona de confort, estaba fuera de la zona o de la manera en que normalmente yo me desenvuelvo, en la que funciono mejor. Hablo con otra amiga muy querida, mi hermana del alma, ella vive en Nashville, somos amigas desde la universidad en Venezuela, vamos a ver… ¿qué nombre le pongooo?, CHUCKY! Se va a matar de risa cuando lo lea, love you friend. Chucky es esa amiga que no sé como lo hace pero ella siempre da en el clavo. Siempre te llama cuando menos esperas la llamada y toca el tema exactamente en el que tú estás flaqueando. Ella quiere ser coach, es súper motivadora, es pequeñita, súper linda, súper graciosa, tiene un cutis envidiable. Chucky es preciosa, bella por dentro y por fuera, tiene un vozarrón, una energía, es incansable. Es un motor y ella es como la que me activa, me hace coaching y no lo sabe. La verdad le debo un dineral jeje, es que me ha hecho tanto coaching sin saberlo y yo de lo más descarada que no le pago. Soy la peor, pero bueno mi amiga es una de mis bendiciones también. Es esa hermanita que la vida me mandó, que Dios me regaló. A lo mejor terminó escuchándome de tantas veces que le pedí un hermano al niño Jesús, a Santa y nada, pero finalmente llegó, con retraso pero llegó. Cuando yo tenía 20 años la conocí y me ha acompañado estos 28 años más de vida. No ha habido una vez que ella no esté presente en todo momento, en las buenas, en las malas, en las más o menos, siempre ha estado allí, tal vez no de cuerpo presente pero siempre de corazón.

Lo hablábamos y le decía: "es que me sigo sintiendo vacía, no entiendo qué está pasando" Había algo en el ritmo de vida que no me gustaba. Yo quería más, me hacían falta esas amistades más familiares, más de visitarnos, más de compartir tranquilos. De que no todo fuese amanecer, rumbear hasta que el cuerpo aguante y beber. Eso estaba haciéndome ruido pero mucho, mucho ruido, aclaro soy yo, y solo yo la responsable de haber llevado ese ritmo de vida, nadie me obligó y ¡me lo disfruté! Tampoco estoy en contra de quien lo practica, es solo que a mi no me llena.

Veo Lo Que No Tengo Que Ver.

Me sigo dejando arrastrar por la multitud, como dice una prima "Caminando hacia delante porque ves a todo el mundo hacerlo, pero sin rumbo" Empiezo a valorar cosas que realmente para el tipo de persona que soy, nunca han tenido valor y no lo van a tener. A mí no me interesa tener amistades que están allí cuando yo estoy festejando nada más o que están allí solamente para beber.

Un amigo es aquel que te acompaña en todo momento, el que te ayuda a levantarte, a curarte las heridas, te anima, te motiva, está pendiente de ti, no solo los jueves de Happy Hour, es el que te pregunta: ¿que te dijo el médico?, ¿cómo le está yendo a tu hijo en la universidad? Ese tema surgía pero solamente en el Happy Hour bebiendo, en ningún otro momento. Entonces tú dices: Bueno debe ser que es la dinámica de Miami, así es el sistema. Aquí la gente como que no tiene mucho tiempo para hacer ese tipo de amistades más condescendientes que uno hace en sus países. Y empiezas a justificar y ver lo que no tienes que ver. No eran monstruos tampoco, son fantasmas, porque ahí no había nada, solo mi amiga Belleza.

Capítulo 2:

MI ENCUENTRO CON EL NARANJA

CAPÍTULO 2

MI ENCUENTRO CON EL NARANJA

Me Preocupo, Mas No Me Ocupo.

Sí, empiezo a preocuparme por estos jueves de happy hour, en donde cada vez estoy bebiendo más. Lo estoy comentando con mi amiga Chucky y le digo: amiga, estoy preocupada. Siento que estoy bebiendo más de la cuenta. A veces siento que no tengo control, no marco bien mi límite. Me digo bueno uno más y ese uno más no debió haber ocurrido. No es que fuese una constante, a veces ese otro más "lo podía tolerar" otras no. Lo escribo entre comillas porque no sé en qué momento, como usualmente el happy hour es 2 tragos por el precio de uno, pues te tomas dos, sino cuatro, tres o cinco nunca porque el gratis no lo dejas ahí, ¡qué locura!

Es como ese último bocado cuando estás de glotona, comiéndote un parrillita de esas ricas y estás llena y dices: ¡ay no déjame comerme este último pedacito de carne es que esta buenísima! y listo ya te echaste a perder el estómago, te cayó mal.

Así me estaba pasando, me tomaba esa última copa que no me debí haber tomado, con la que a veces me excedía de mi límite por completo. Por supuesto al día siguiente tenía dolor de cabeza y me decía: el dolor de cabeza era porque seguro estaba pinchado. Imagínate un Prosecco a un dólar, deber ser el peor Proseco que hay. Y no te estás dando cuenta que llevas cinco o seis copas de Prosecco ¿qué estás esperando? ¿Cómo no te va a doler la cabeza?

Y bueno, te preocupa pero no te ocupas porque el próximo jueves estás ahí otra vez. Si de repente te llamaron un martes, también lo hiciste, y si te llamaron un sábado también. Gracias a Dios lo común y normal eran los jueves, cualquier otro día eran excepciones. Igual soy madre y mis responsabilidades como tal prevalecen. Y de repente te descubres en tu casa tomando una botella, si hay visitas. La vida se vuelve y gira en torno a ingerir alcohol, cualquier excusa es buena, válida y justificada.

Como si no puedes disfrutar con tu amiga, conversar con ella, que tu amiga te cuente lo que le está sucediendo sin necesidad de tomar. No entiendo en qué momento pasó eso, pero pasó. Pienso que es el entorno, la televisión, todo gira en torno al alcohol, inclusive en fiestas infantiles brindan alcohol, cosa que me parece totalmente irresponsable y nunca hice, ni comparto, es solo mi opinión, pero creo que una cosa lleva a la otra y si no hay alcohol en la salida, en la visita o en la reunión, es un fiasco, tal cual una piñata de venezolanos sin tequeños como quien dice.

El 3 de octubre, mi hijo se había ido a estudiar a Madrid, a la universidad. Yo estoy orgullosísima de él y de que haya saltado el Atlántico, que haya decidido irse para allá él solito a hacer su destino, a hacerse hombre, a convertirse en un profesional. Estoy súper llena de orgullo del hombre que es hoy, de la clase de ser humano que es. Tiene una nobleza admirable, bastante escaza hoy en día. Y bueno, se me va mi hijo, "mi culucucu" como lo llamo yo en intimidad, (me va a matar cuando lea esto).

Ya él se había ido un año antes a Nueva York, pero yo no había tenido esa sensación de nido vacío tan fuerte como la tenia en ese momento. Yo creo que son las ocho o nueve horas de vuelo. También las seis horas de diferencia me marcaron una distancia muy grande que me estaba costando mucho superar. Cuando dejé a mi muchacho en el aeropuerto fue durísimo. Tuve que contener mis lágrimas, porque no podía ser esa la última visión que él tuviese de mí.

Recuerdo que estaba mi hija, mi mamá y mi papá. Como ya les dije, mis padres siempre están. No sé si es el universo, no sé si son ellos, pero mis padres siempre están conmigo en mis mejores y peores momentos, gracias a Dios. ¡Y mi mamá! noooo, hecha un mar de lágrimas despidiéndose de su nieto adorado, ¿con quién cuenta uno? Porque ese es su hombre divinísimo, así lo llama ella. Mami lloraba y yo: bueno Dindo ¿y entonces? ¿Con quién cuento yo chica? Dindo no te pongas así. Yo lloraba pero para adentro, conteniendo mis lágrimas.

Hasta que él se subió en las escaleras mecánicas y yo sabía que iba a voltear. Volteó y lo deje de ver, por la estructura del edificio, el techo lo ocultó. Me di la vuelta y lo primero que sucedió fue que se me aguaron los ojos, pero no quería llorar para no empeorar la situación con mi mamá, y para que ni mi hija ni mi papá se pusieran nerviosos.

La psicología que me apliqué fue que no podía llorar el que mi hijo tenga la fortaleza y la independencia de volar hacia un mejor futuro. Hacia el futuro que él está escogiendo. Eso es para festejar, no para llorar. Deben ser lágrimas de alegría no de tristeza. Es una psicología que te anima un rato pero también te alcanza y te pones nerviosa y bueno empiezan a pasarte muchas cosas por la mente, soy mamá gallina, pero mi psicología si funciona, ya hoy esa sensación de nido vacío está superada.

Insiste En No Escucharte.

Sí, insisto en no escucharme. Mi hijo se va el 3 de octubre, amanece y por supuesto no dormí nada esa noche. Me levanté súper temprano a dejar a mi hija en el colegio. No dormí nada bien hasta que mi hijo me escribió: "aterricé mami, todo bien. La habitación que me alquilaste bien. Me buscaron mis tíos, mis dos amigos de la otra mano que viven allá en Madrid. Ellos lo buscaron en el aeropuerto y le facilitaron muchas cosas a su llegada.

Aprovecho aquí de darles las gracias, que ya se las di antes pero nunca está demás repetir las cosas. Y bueno todo estaba bien y en orden, solo yo que estaba muy cansada y seguía en mi "mood" de tristeza.

3 de octubre fue un miércoles, el 4 obvio es jueves. ¡Ah! Jueves de happy hour. Me escriben mis amigas por el chat que teníamos: "Quequeta vente" y yo: "no, la verdad no tengo muchas ganas. No estoy de ánimos. Además mañana tengo un día complicado." Mi hija tiene la sesión de fotos para el yearbook, este es su senior year, ya se va a graduar. Estoy ahí con más ganas de no ir que de ir. Saben cuando hay una vocecita dentro que te está diciendo no vayas, quédate en tu casa tranquilita, descansa, trata de dormir que no has dormido, tienes dolor de cabeza, quédate quieta María Enriqueta. Pero está la otra voz y tus amigas, que te dicen vente chica que así te despejas, no seas gafa, motívate, aquí te estamos esperando. Empieza esa medio presión que es de buena gana, no por daño ni mal. Y bueno, me voy.

Empezamos con el happy hour, de verdad que la estábamos pasando súper bien. Inventamos irnos de ese sitio para otro. Eran como las diez y media u once de la noche y yo habremos llegado a ese sitio como a las seis y media o siete de la tarde. Cuando me subo en el carro para manejar al otro sitio, que quedaba vía a mi casa, estoy frente al semáforo en el que pude haber cruzado a la izquierda e ir hacia mi casa, y lo pensé, pero insisto en no escucharme. Van a decir que soy una boba, van a dejar de invitarme, van a dejar de tomarme en cuenta, no, mejor yo voy. Llegamos al lugar y me tomé un trago más, porque sí fue un trago más lo que me tomé, y una amiga dijo para irse y yo aproveché, esta es mi oportunidad me digo, me voy a ir junto con ella.

Y mi amiga me dice "¿Quequeta tú estas bien para manejar?" y yo le respondo,sí vale, yo estoy bien para manejar. Yo me sentía perfecta para manejar. Y ella me dice "de todas maneras ve detrás de mí" yo no entendí porque ella me dijo así, porque yo me sentía perfectamente bien.

Cuando ya estábamos en el semáforo en la calle cuarenta y uno del Doral, se me ocurre la perfecta y brillante idea, de avanzarla. La avanzo y siento una sirena detrás de mí. Una patrulla que me está pidiendo que me pare.

¿Dónde Está El Suelo???... Caída Libre.

Pues sí, me paro como me lo pide el oficial. Aquí en Estados Unidos uno se tiene que quedar en el carro y no te puedes bajar hasta que el oficial no te lo indique. Me pide la documentación reglamentaria, licencia y seguro. El oficial estaba como de mal humor, fue bastante tajante, bastante antipático. No sé si es parte del lineamiento que ellos

deben seguir, pero bueno fue así. Me manda a bajar del vehículo, me

bajo. Me empieza a hacer unas pruebas, que si siga el bolígrafo con la

mirada, que si camine de aquí para allá, de allá para acá.

Me manda a quitar los tacones y me los quito. Camino de aquí para allá y

de allá para acá. Yo sentí que lo estaba haciendo bien, pero aparentemente

no lo estaba haciendo tan bien. Llama a una segunda oficial, la mujer viene,

me revisa. Entiendo que es que la señora vino para que el no tuviera que

hacerme la requisa. Esa oficial mucho más amable, accesible y tolerante

empieza a hacerme las mismas pruebas que él me había hecho.

Me dice que no lo estaba haciendo bien, y yo: ¿Cómo que no lo estoy

haciendo bien? Me mandaba a seguir el bolígrafo con la mirada y yo

lo seguía, pero al parecer, ella decía que no lo seguía hasta el final

que estaba volteando la cara. Yo no entendía nada y le decía: no estoy

girando. Entre dimes y diretes, cuando me doy cuenta estoy esposada.

Me veo esposada y le digo al oficial que no es necesario que me

espose. Yo sentía que me moría. En plena calle cuarenta y uno del

doral, a las diez y media de la noche. O sea, no tienen idea. Los que

viven acá saben lo concurrida que es esa calle. Yo me quería morir

y decía: ¿Esposas? ¿Pero qué es esto? En mi vida he tenido unas

esposas en mis manos.

Soy mujer, a mí nunca me ha regalado esposas para jugar a los policías y los ladrones, nunca nada de eso. Yo jugué con barbies, con muñecas. Nunca tuve esposas, jamás he tenido ni siquiera un amigo policía, nada. Si leí las 50 sombras de Grey, Christian sería perfecto si no viniese con el combo de las esposas incluidas.

Y yo: ¿Qué es esto? ¿Este señor por qué me esposa? Yo no soy ninguna delincuente ¿Qué es lo que está pasando?" Caída libre, definitivamente. Como decimos en Venezuela, voy en bajada y sin frenos.

Paseo En La Patrulla.

Al parecer no era suficiente el haberme esposado. En mi ignorancia, inocencia o infantilismo yo juraba que cuando el oficial me estaba poniendo las esposas para llevarme a la jefatura, yo me iba a ir en mi carro manejando. "¡Pero que ilusa! Manejando con esposas puestas! María Enriqueta por favor!!" Me grité internamente a mí misma.

Acto seguido, estoy montada en el asiento de atrás de la patrulla. ¡Oh my God!, jamás en mi vida me había montado yo en una patrulla; tampoco jamás tuve interés en conocer como era por dentro. No tenía ni la más remota idea, no sé si todas son así, pero en la que me tocó a mí, el asiento de atrás era de plástico duro, horrible.

El oficial nada delicado, literalmente me tiro en la parte de atrás. Súper incómoda logré sentarme porque aparte de que era una superficie súper dura. Tengo las manos atrás, las esposas me las apretó como si fuese la hermana perdida de Houdini y pensó que me iba a escapar de cualquier manera. Pensé: "Wow ¿Será que me circula la sangre y me llega a las manos? de lo apretadas que me puso las esposas.

Llego a la jefatura, me bajan, no me quitan las esposas nunca. Empieza la oficial mujer a interrogarme: "¿Dónde yo estaba? ¿A dónde había ido? ¿Cuántos tragos me había tomado?" Un conjunto de declaraciones. Y bueno, uno tiene que ser sincero, la sinceridad y la verdad siempre prevalecen, es lo más importante. Con estas personas lo que funciona es decir la verdad. Siempre me ha ido bien diciendo la verdad, pensé en ese momento, además si algo detesto es la mentira y pues dije la verdad.

Le digo: Me tome cinco copas de Proseco y me tome un Vodka en el segundo sitio. A todas estas yo sigo ingenuamente pensando que esa noche duermo en mi casa, que es un susto y ya, me van a poner una multa súper jugosa de aproximadamente unos $ 500 pero ya, y me voy para mi casa con mi hija, mi mamá y mi papá, que al día siguiente hay colegio, y todo normal.

Me preguntan que si estoy dispuesta a soplar y le digo: ¿Tengo que soplar? y me dicen "Es decisión suya". Entonces yo decido soplar, si quieren que yo sople yo soplo, y lo hice.

Obviamente, cuando sople me salieron los cinco proseccos y el trago de vodka que me había tomado. Muchas personas me cuestionaron "¿Por qué soplaste? ¡No debiste haber soplado!". Yo no sé si fue o no un error el haberlo hecho, no voy a decir que recomiendo con respecto a soplar o no. Lo que yo recomiendo es que si bebiste no manejes, no si tienes o no que soplar, porque al final lo hagas o no igualmente vas preso e igual te pondrán el DUI, pero lo más importante es que estas poniendo tu vida en peligro y la de los demás.

Lo que si les voy a informar porque puede que algunos no lo sepan, yo no lo sabía, es que cuando uno se saca la licencia de conducir acá en la Florida, este es un Estado cero tolerancia al alcohol y eso significa que no debes manejar ni siquiera tras haber ingerido un solo trago. El que piense que tener un BAC de 0.08 es lo legal (Breath Alcohol Content, Concentración de Alcohol en el Aliento), no es así. Está equivocado, puede darte menos de eso pero si estas involucrado en un accidente, o si el oficial así lo decide te van a colocar un DUI. La Ley en la Florida es cero tolerancia.

Por ello, lo que te recomiendo es, que si vas a beber te vayas en Uber o haya un conductor asignado que no va a beber ni siquiera una copa. Esa es mi recomendación. Porque aquí si te niegas a soplar automáticamente pierdes el derecho de tener la licencia porque esa es una de las condiciones para que te la entreguen. Cuando un oficial te pida hacerte la prueba tú debes hacerla, si no la haces igual pierdes la licencia. Igualmente te van a detener porque para ellos eres culpable y bebiste. Hay cero tolerancia al respecto. No se responder si vale o no la pena soplar, ni si me hubiese ido mejor si no hubiese soplado. Mi conclusión es NO BEBAS SI ESTAS MANEJANDO.

El Recinto, Sudo Frío.

Resulta que no nos quedamos allí en la jefatura. Me montaron en la patrulla nuevamente, de la misma manera brusca, me quitaron mi bolso, lo revisaron. Y yo pensé que invasión a la intimidad, que grosería, que falta de respeto y me pregunte: ¿Este hombre como que no tuvo una mamá que le enseñara a respetar a las mujeres?

Yo no sabía si eso era legal o no, si estuvo bien o no. Tampoco se lo pregunté ni lo he averiguado, ¿qué sentido tiene? el hecho es que me quitó mi cartera y yo le pregunté para donde me llevaba, y él ni siquiera me contestó. No me dio ningún tipo de información. Cuando me di cuenta estaba en el edificio de la cárcel, que no sé cómo se llama ni me interesa saber el nombre, el que está en la 72 Ave con la calle 36st St.

39

Allí me pregunto: ¿Qué es esto? ¿Es en serio? y le decía al oficial,¿Por qué haces esto? ¿Tú me odias, que te hice? Y él me dijo: "Yo no te odio, pero tú pudiste haber matado a alguien" Y yo dentro de mí decía: ¿De qué hablas? ¿Te volviste loco? ¿Cómo que pude haber matado a alguien? Si yo no soy capaz ni de pisar una cucaracha. Entonces, él repitió: "Yo no te odio, tu pudiste haber matado a alguien, estabas manejando bajo la influencia del alcohol" y yo le dije: "Sí pero no pasó. Mi hija está sola en la casa tiene 17 años, ¿Quién la va a llevar al colegio mañana?"

Yo dentro de todo, tratando de manipular la situación le digo que mi hija estaba sola, no le digo que mis papas estaban en la casa para ver si lo hacía condoler un poco conmigo y dijera algo así como "Esta bien, te voy a dejar ir a tu casa por esta vez pero te voy a duplicar la multa"… Obviamente no pasó. No estás hablando con los policías de Venezuela, con los cuales tampoco tuve mucho contacto, pero por amigos sé que Simón Bolívar (en billetes) siempre habla, sale adelante y la realidad cambia a tu favor.

Allí en el recinto en el que me tenían que era como una sala de espera, comienza a llegar mucha gente, y yo asombrada: ¿Qué es esto? ¿Toda esta gente quebrantó la ley? ¿Qué habrán hecho? Estaba totalmente confundida porque no tenía idea de cómo era el procedimiento. Ni idea de que iba a pasar después, ni que la policía tenía tanto trabajo, ni donde estaba ni hacia donde iba, porque el oficial insistía en no responder ninguna de mis preguntas ni darme algún tipo de información.

Me pide voltearme, me quita las esposas y me pone unos tyrap, pero más apretados que las esposas. Insisto creo que él pensaba que yo soy la hermana perdida de Houdini. Me vuelvo a sentar, se condolió de mí y no me las puso en la parte de atrás, sino hacia adelante porque le dije que me dolían mucho las muñecas y los brazos, eso fue lo máximo que logre conseguir de él.

Hago Conexión.

Empiezo a mirar a mí alrededor y veo a una niña como de unos veintidós años, linda la muchachita y estaba hecha un mar de lágrimas y de nervios, yo le sonreí y enseguida se levantó, caminó hacia mí y se sentó a mi lado.

Le pregunto:¿Qué paso? No llores, y ella me dice "Es que estoy sola", y le pregunto ¿Por qué estás aquí? y me responde "Me pusieron un DUI, yo estaba en una fiesta con mi novio, pero él estaba muchísimo más tomado que yo y decidimos que manejara yo, nos paró la policía y como era yo la que estaba manejando pues estoy aquí"

Yo le digo: Wao imagínate tú, ni habiendo tomado la decisión más sabia, de que manejaras tu porque estabas en mejor condición que él, te salvaste de esto. A todas estas yo no sabía que era cero tolerancia, que no lo justifica porque yo debería saberme las leyes del estado donde estoy viviendo, además habiendo tolerancia, es un peligro hacerlo, pero bueno, en ese momento, esa era mi creencia. Uno viene con esas malas costumbres de los países de uno, donde la ley esta como para escribirla en un libro y venderlo, pero no se aplica la mayoría de las veces o si se aplica, es en las personas equivocadas mayormente. El hecho es que vengo con malas mañas y costumbres de mi cultura, a pretender venirlas a aplicar aquí.

La muchacha seguía llorando, y yo estaba pendiente. En estos años que he tenido sobredosis de Netflix y me he visto todas las series y películas que se puedan imaginar entre ellas "Orange is the New Black", con esa experiencia yo le digo "no llores, que nos vemos débiles, quédate tranquila, somos las únicas distintas, somos minoría, tranquilízate, respira profundo, exhala por la boca" Y empiezo a tratar de tranquilizarla a ella, pero mentira parte de esta terapia era para tranquilizarme yo, porque estaba que me lanzaba encima de ella a llorar también.

La niña me explica algo que me causó de verdad mucho dolor. Me dice que sus padres viven en New Jersey, si mal no recuerdo, que ella estaba sola aquí en Miami becada en la universidad, y que obviamente por el DUI había perdido la beca. Lo había perdido todo, que duro debe ser eso, luego de tanta disciplina y esfuerzo para ganarte tu beca.

Ella no sabía ni siquiera si su novio la iba a venir a sacar, porque estaba totalmente borracho e imposibilitado obviamente de manejar. No es un buen plan, un novio manejando el vehículo borracho yendo hacia la policía a estar pagando ninguna fianza y menos por un DUI.

Entonces le digo que se tranquilice, que no se preocupe, que todo en esta vida tiene solución y que vamos a encontrar la solución, que lo que tiene es que tranquilizarse. Cosa que me decía a mí misma también.

La Foto.

Me llaman, me levanto y le hago una seña de que nos vemos adentro a la jovencita, mi amiguita que había hecho allí en esa sala de espera. Entro ¿Y cuál es mi sorpresa? ¡La foto! Sí señor, me han tomado la foto como en las películas, con mi cartelito en la mano con mi nombre y con mi número de caso. Ya tenía hasta número de caso y no me había enterado. Voltea para la izquierda, voltea para la derecha, ponte de frente, ¡Dios mío como estaré saliendo! Ni un espejo ni nada, las cosas que se llegan a pensar estando en medio de semejante caos.

Ok, entro y hay como una sala con unas sillas de espera, me indican sentarme allí. No tardo sentada ni dos minutos, me llaman y me pasan como para una especie de cuarto, pero un cuarto sin puerta, como con un marco abierto mucho más grande que el de una puerta.

43

Entro allí, están dos oficiales mujeres, y me dicen que me quite la ropa, y yo: ¿Cómo? que me quite la ropa y entonces le digo: ¿Para qué? Y me dicen, toma ponte esto. ¿Cuál es mi sorpresa? Mi uniforme color naranja, y yo: ¿Es en serio? La mandíbula me llegó al piso, o sea, literalmente, ¿Yo estoy presa? o sea, ya va, ¿En qué momento me convertí en una criminal? ¿Cómo es esto?" no lo puedo entender.

La oficial me entrega ese uniforme naranja, que de paso, cabe acotar no sé, era como talla XL. Todo eso del traje y de la foto pasaba por mi mente y lo estoy mencionando en este momento para que traten como de ponerse en mis zapatos y vivir mi experiencia, porque es la única manera en la que ustedes puedan sacar el aprendizaje que quiero que saquen de todo esto.

Hasta le dije: Pero esto es muy grande ¿No tienes otra talla? Por supuesto, imagínense a aquella oficial, ella grandota, alta, yo mido 5"7' o 1,68 cms, la medición que se les haga más sencilla. La mujer sería como un 5"9', en un pantalón de ella cabían dos María Enriquetas, una mujer intimidante con una mirada bien penetrante. Me echó una pelada de ojos, una revirada de ojos así y sentí que me había dicho: "¿Es en serio? Ponte ese y punto, que aquí no estamos para tallas, ni esto es un desfile de modas. No se trata de si te queda o no te queda bien el uniforme, ni nada por el estilo".

Bueno, que humillación tan grande, me tocó desvestirme delante de ella, cuando veo que me manda a quitar el sostén, casi me da un infarto, yo digo: ¿Qué? Bueno, y eso que siempre he sentido que soy como medio sinvergüenza porque bueno, a mí no me importa que mis hijos me vean en ropa interior, ni si quiera que me vean desnuda, ni mis padres, y bueno como no es algo "común' o "normal" al menos entre mis amigas. Yo sentía que soy poco pudorosa, que no padecía de ese tipo de vergüenza. Pues sí,resulta que sí tengo muchísima más vergüenza de la que yo pensaba. Me quería morir, me decía: Oh mi Dios, que no me diga que también me tengo que quitar la pantaleta porque ahí sí que sí, que me muero.

Mi ropa pues obviamente me la quitaron toda, me dieron mi uniforme. Me lo puse y me dieron unas cholas (chancletas). Yo calzo 38, yo creo que eran más o menos como 43. Fue un reto caminar con las cholas esas, y me digo: Bueno, no entiendo por qué tengo que ponerme este uniforme, de que se me acusa para estar presa?, ni choqué!.

El Naranja Es Mi Color.

Sí, definitivamente, el naranja no es mi color. No me gusta, nunca me ha gustado mucho, pero desde ese día, 5 de octubre, ni un poquito, no creo que lo vuelva a usar. Podría usar algo naranja, algún detalle, algo así, pero no me veo ni con un pantalón naranja ni con unas bermudas naranja, ni con un traje de baño naranja, ni con una blusa naranja.

Por favor a mis amistades que no se les ocurra regalarme algo color naranja, que no va a ser bien recibido, no lo hagan ni si quiera a manera de chiste porque no me va a causar ningún tipo de gracia.

Bueno, estoy de naranja, me veo de naranja, no me gusta lo que veo y la cabeza está que me estalla, estalla, pero estalla del dolor. Cuando regreso a la sala esa de espera, a la que entré después que me tomaron la foto, me encuentro nuevamente con mi amiguita, y a ella también la llaman a ponerse su uniforme.

Me siento allí. Observo que están hombres y mujeres en la misma área, pero separados. Las mujeres estamos sentadas en un lado, donde las sillas están dispuestas de espalda, a los hombres.

Las De Las Películas Son Actrices De Hollywood, ¿Qué Esperabas?

Entonces, bueno, yo me senté. Sabía que estaban allí los hombres, pero no los había detallado, en lo absoluto. Empiezo a ver a mi alrededor, y claro, me acuerdo de Orange is the New Black, de las actrices de Hollywood, de todo, y como lucen y me digo: Oh my God ¿Qué esperabas? O sea, las de las películas al final son actrices de Hollywood, no son tan intimidantes. Yo pensaba que era en las películas que existía la gente así, yo nunca había visto una persona con la cara tatuada, ¡una mujer con la cara tatuada!, ni con tantos pircings, tan intimidantes. Estas personas inspiraban terror dentro de mí y con tantas cosas horribles.

Yo estaba tan aturdida, y me sentía tan ajena a ese sitio. Me decía: ¿Cómo estoy yo aquí? ¿Cómo me puse en esta situación? Dios mío, este es el fin de mis días, hasta aquí llegó María Enriqueta.

Calladitas Nos Vemos Más Bonitas.

Llega mi amiguita también con su uniforme naranja que tampoco le lucía para nada, llorando nuevamente, hecha un mar de lágrimas. Le digo: "Tranquila, porque ya ahora estamos en el mero meollo, meollo, o sea, estamos aquí adentro, ya con el uniforme, somos una más del montón". No es que te ibas a quedar con tu ropita puesta, no, te ponen tu trajecito anaranjado, para que tu sepas que sí, eres una criminal más, no importa por lo que esté el que está al lado tuyo, está por otro crimen, pero tu estás por un crimen también. Aunque tú no te sientas una criminal, aunque tú digas: pero no choqué a nadie, pero no estuve involucrada en ningún accidente, ante ellos lo eres, no te quepa la menor duda.

Cabe acotar, que cuando uno es arrestado por un DUI, si llega a ocurrir lo que conocemos como "accidente", no es considerado un accidente, porque es una decisión manejar bajo la influencia del alcohol. Así que a eso no se le llama "accidente", realmente es un delito aunque no lo quieras entender y si ocurre el "accidente" si así lo quieres llamar tú, pues no, para la ley es una tragedia que ocasionaste tú por haber decidido manejar bajo la influencia del alcohol, pero eso no lo sabía yo en ese momento. Lo aprendí más adelante, y se los aclararé más adelante.

Empiezo otra vez con la niña: calladita, no hables, no digas, porque claro, yo veía como un bicho raro a las personas que me estaban rodeando. La realidad era que nosotras sí éramos unos bichos raros ahí, metidas en el medio de esa multitud de gente a las que no habíamos visto. No habíamos estado con personas similares, estoy segura que ella tampoco, nunca en la vida. Era es una niña que se veía "una niña bien", una niña que pudo haber sido mi hija, Dios me la salve, me la ampare de caer en una situación así.

Oh No!! Tengo Ganas De Ir Al Baño.

Yo soy de esas personas, no sé cómo serán ustedes, que cuando me pongo nerviosa, me dan ganas de orinar. Obviamente, también vamos a sumarle a eso pues lo que había bebido tenía que orinarlo. Soy de las que una vez que voy al baño, ah no, eso es a cada rato.

Me empiezan las ganas de ir al baño, veo a mi alrededor a ver dónde decía "restroom" en alguna parte. Me encuentro con una puerta que me llama muchísimo la atención que dice "restroom" pero era de esas puertas como tipo los salones de colegio ¿Saben? que tienen como un cuadro, una ventana de vidrio, bastante grande para ser la puerta de un baño. Esa ventana ocupaba la mitad de la puerta hacia arriba y estaba pintada hasta la mitad del vidrio, como con una pintura de esas gris de aceite, pero claro, si cualquier persona se asomaba por la parte que no estaba pintada pues podía ver hacia dentro. Me dije: Qué!?, no, yo no voy a orinar ahí ni loca que estuviera.

Comienzo a concentrarme, a hacer yoga, me digo cruza las piernas María Enriqueta. Las crucé de tal forma que cualquier "Miss" se hubiese quedado loca, nivel Maite Delgado. Para mí nadie cruza las piernas tan bien como lo hace ella y continuo concentrada diciéndome No voy a orinar, no voy a orinar, no voy a orinar, no voy a orinar. Trataba de distraerme, trataba de conversar con la niña, veía que pasaba un teléfono, por allí rodando entre las que parecían que estaban en su casa, en el patio, compartiendo con sus amigas que eran todas las mujeres que estaban en nuestro alrededor. Y nosotras dos, como pajaritos en baile de gallinas, más nerviosas, imposible.

Nada, lograba distraerme un ratico y me asaltaban otra vez las ganas de ir al baño, Dios santo querido! ¿Por qué?... Tengo otro detallito que confesarles, cuando aguanto mucho las ganas de orinar, me dan ganas de hacer número dos... Empiezo yo a sentir ganas de hacer número dos, yo soy estreñida, o sea, no entendí esta traición de mi intestino. ¿Cómo se le ocurre dejar de ser estreñido en este momento? ¡No puede ser! y digo ¿Qué hago? Dios mío, voy a tener que orinar porque si no, esto va a ser trágico ¿cómo me voy yo a hacer pipí y número dos aquí delante de todo el mundo? No, yo voy tener que ir al baño, por lo menos para orinar. Me digo: ok, voy al baño, me encomiendo a Dios, Ay Diosito acompáñame, angelito de mi guarda por favor acompáñame y me voy al baño.

Yo nunca en mi vida había orinado tan rápido como esa vez, y controlado, que por supuesto el número dos se quedara donde tenía que estar, adentro de mi cuerpo, que ustedes saben no es nada fácil. Total es que orino, en aquel baño que era la cosa más asquerosa, que he visto en mi vida. El olor más fétido, es que no se compara con un baño de carretera, de esos de Venezuela, o es que ya yo no sé, como llevo tres años aquí, ya perdí la costumbre de enfrentarme a un baño así, salgo del baño victoriosa, todo ok y me siento nuevamente con mi única amiga.

"You Got A Lot Of Things Girl"

Regreso del baño y escucho mi nombre. Me levanto y un oficial, el único amable en todo este episodio de mi vida, me dice hacia donde tengo que caminar y me señala una pared con una ventana como esas de cajas donde tú vas a pagar. Entonces doy gracias a Dios, de estar vestida de naranja, y me digo: "no vale, pero es que no me queda tan mal tampoco, si es de mi talla, me gusta el naranja, ahora entiendo todo", me tocó pasar por en medio de los hombres.

Si les digo que las mujeres daban miedo, los hombres no se imaginan, daban terror, terror, yo estaba literalmente aterrada y nerviosa. No hubo uno solo que no me persiguiera con la mirada; algunos de ellos me desvistieron con la mirada, con todo y que estaba yo escondida debajo de un traje naranja talla XL, que por supuesto no me favorecía en lo absoluto.

Llego a la ventanilla donde me estaban llamando y está una oficial allí, grandota ella, bonachona bien criada y alimentada, un poco más cordial que la del uniforme. Me llamaron para que reconociera mis pertenencias. Era mi cartera que la entregó el policía porque después de la patrulla más nunca vi mi cartera. Entonces me la mostró, me sacó el dinero, lo contó frente a mí junto con las tarjetas de crédito. Mi maquillaje me lo boto, mis pastillas para el dolor de cabeza también, eso si me dolió.

Yo sufro de dolores de cabeza y siempre tengo pastillas en mi cartera porque si me descuido se me puede convertir en migraña. Bueno todo eso me lo boto, y yo con aquel dolor de cabeza, pero estoy en modo "calladita me veo más bonita" y no le pido que me de un par de pastillitas, algo me dijo que no era buena idea.

Obviamente me quitaron los zarcillos, los anillos, las cadenas, las pulseras, el reloj, todo lo que cargaba encima junto con mi ropa.

Los que me conocen saben que yo soy muy de tener varias cadenitas colgadas, de usar pulseras, me encantan las pulseras, los brazaletes y los anillos. Todo eso lo tenía puesto, yo iba a salir de Happy Hour esa noche, imagínate que para ir para el Publix me los pongo, como no me los voy a poner para salir en la noche ¡Yo soy muy coqueta! A mí me gusta estar siempre combinada, así sea de gimnasio pero combinada.

Siempre estoy pendiente de la imagen, a mí me gusta siempre estar bien y presentable. Soy fiel creyente de que existe solo una oportunidad de causar una buena impresión, entonces como no sé cuándo será esa primera buena impresión trato de siempre estar bien presentable.

Me causó gracia, que la oficial me dijo: " Wow you got a lot of things girl!" (Wao cuantas cosas tienes) y me dice: "tienes derecho a una llamada" a lo que respondo: Ok dame el teléfono y ella, "No te puedo dar el teléfono, no te puedes quedar con el teléfono ¿Sabes a quién llamar?" Y le contesto Sí, pero no me sé el número, entonces me dice "Te doy el teléfono, te permitiré que lo enciendas, que veas el numero al que vas a llamar, solamente puedes anotar tres teléfonos y luego lo tienes que apagar y entregármelo"

Yo sabía que no tenía mucha bateria, y efectivamente cuando lo encendí me quedaba una rayita nada más. Siempre tengo mi teléfono cargado, pero esa vez... porque todo es así, es como cuando piensas que el universo te sabotea y empeora las cosas, me pone en una situación cada vez más difícil.

Enciendo el teléfono, yo los únicos números que me sé de memoria son los celulares de mis papas de Venezuela y el celular de mi hija acá, porque los cuatro últimos números son exactamente iguales al número de Venezuela de mi papá. Y los tres primeros números son iguales a mi número de aquí. Tiendo a hacer ese tipo de relaciones para poderme memorizar las cosas. No iba a llamar a mi hija ¿Qué podía hacer mi hija por mí? Con diecisiete años, ¿Cómo iba a despertar a mis papás? Iba a ser un caos, iban a entrar en un estado de shock y nervios que no era normal, mis viejitos hipertensos, no quería empeorar la situación. Mi hija claro que habla inglés pero mis padres no. En ese sitio si hay alguien de habla hispana no lo quiere utilizar, no quiere hablar en español, todos hablan en inglés.

Me dije: no, yo no puedo llamar a mis papás para esto, además de que la vergüenza me tenía totalmente inmovilizada. Yo no sabía qué hacer y por su puesto la única persona que se me vino a la mente fue mi querida amiga Bellcza. Yo no sabía si ella sabía o no lo que me había sucedido, yo estaba rezando que estuviese todavía despierta porque tampoco sabía qué hora era. En ese sitio no hay reloj en ninguna parte y yo no tenía ganas de preguntarle a ningún oficial que hora era tampoco. Estaba aferrada a que calladita me veo más bonita.

Entonces, anoto el teléfono de mi amiga Belleza, vuelvo a apagar el teléfono, se lo vuelvo a entregar a la oficial y ella me dice: "bueno, vete para tu asiento".

Mi Ansiada Llamada.

Me devuelvo a mi asiento, claro ya tengo el número en la mano, y empiezo a percatarme de las conversaciones que estaban teniendo mis compañeras, las que estaban allí. Ninguna parecía preocupada por su situación, yo creo que como la llamada es gratis, se turnan el teléfono la una a la otra, hablaban del día a día. Ninguna decía: "ven a pagar la fianza", "ayúdame", "soy inocente", para nada, algunas hasta contaban "me agarraron por boba pero la próxima no me pasa", yo tragando entero, cada vez más aterrada de donde y rodeada de quien estaba.

Cada vez que pasaban el teléfono yo intentaba agarrarlo, pero no me dejaban, nunca pasaba por delante de mí. Hasta que una de ellas se condolió y se dio cuenta que la única que no había llamado era yo. Incluso mi amiguita había logrado llamar, pero en lo que colgó ya había saltado otra de las compañeras y le había quitado el teléfono sin darme chance a mí de hablar. Yo no le iba a decir: epa es mi turno yo estoy en modo "calladita me veo más bonita"

El hecho es que entre una llamada y otra, una se condolió de mí. Me cayó el teléfono en las manos y llamé a mi amiga. Hablé con Belleza lo más bajito posible para que no me escucharan y supieran que era mi primera y única vez en el recinto. La saludé, le empiezo a contar y me dice: "claro que lo sé, yo vi todo, presencié todo. Fulana me llamó porque vio cuando la pasaste y te paró el policía. Entonces enseguida salí, vi cuando te hicieron los exámenes, te perseguí a la jefatura y de la jefatura a aquel sitio. No te preocupes, ya yo pagué la fianza y todo. Pero me dijeron que de todas, todas"... Y yo hago un stop en mi mente y pienso "pero bueno si ya pagaste la fianza, entonces, ¿Qué hago aquí?"... Belleza me termina de aclarar "de todas, todas ellos hacen que dilate el proceso como escarmiento"

Pienso: ¿En serio? ¿De verdad necesitan que yo escarmiente más? Es que yo en mi vida voy a volver a hacer esto. No tenían ni siquiera que ponerme las esposas. Con una buena multa ya yo hubiese escarmentado, me decía en ese momento, pero aquí entre nos, escribiendo este libro, es mentira. Tenía que haber sucedido como sucedió para hoy yo estar como estoy y sentirme como me siento. Con una multa no hubiese escarmentado, ¿cuántos de ustedes no han tenido varias multas por la misma infracción? Además esto no fue una infracción, esto es, UN DELITO.

Le pregunto a mi amiga qué hora es y me dicen que eran como la cinco de la mañana, por supuesto se me vienen a la cabeza mis papás, mi hija, la ida al colegio, TODO.

Perdida En El Tiempo.

Claro, es que cuando uno está en una situación así, bajo presión, el tiempo te pasa muy lentamente. Pierdes toda capacidad de cálculo posible ¿hablé con mi amiga hace cinco minutos? o hablé con mi amiga hace una hora? Ella me dijo que me iban a soltar más o menos como a las nueve o diez de la mañana ¿estaré cerca de las nueve o diez de la mañana? Dios mío, ¿Cuánto tiempo habrá pasado? Pero seguía insistiendo en no preguntar la hora, sigo en modo "calladita me veo más bonita".

¿Qué habrá pasado? ¿Mis papás ya se habrán dado cuenta de que no dormí en la casa? ¿Qué estarán pensando? ¿Qué tuve una noche de copas, una noche loca? Creo que es cien mil veces mejor una noche de copas, una noche loca a lo que realmente estaba pasando. Obviamente ninguna de las dos circunstancias es respetable o aceptable para mí. No hay necesidad de hacer las cosas mal. Las cosas se hacen y se hacen bien, no de esta manera.

Mi hija, el colegio, la sesión de fotos. Bueno, yo tenía veinte mil cosas en la cabeza, además de todavía estar lidiando con las ganas de hacer número dos.

Llegar A Casa Comiendo Piso.

Mis caras, mi gente... la luz arropada por la oscuridad

Parece que se hicieron las nueve, las diez de la mañana porque nos pasaron para otra sala a mí, a otra muchacha muy bonita también que tenía como un par de tatuajes y a otra que parecía que estaba en el patio de su casa. Ella obviamente no era la primera vez que estaba pasando por esto. Nos pasan a otra parte, las tres en una celda que no es de barrotes, sino tipo las de "Orange is the New Black" de paredes y una puerta, nos dicen que esperemos allí y cierran la puerta.

La muchacha que estaba como en su casa, cuando se dio cuenta que estábamos encerradas, empezó a golpear la puerta y gritar como una loca. Yo me decía: ¡Oh Dios lo que me faltaba, ahora ésta se va a poner agresiva y ahora agarran y nos castigan a todas, nos retrasan la salida, DIOS! Yo le decía: pero tranquila ¿Eres claustrofóbica? Tratando de que se calmara. Ella decía que ellos no tenían ningún derecho a encerrarnos y yo me decía pero ¿Cómo que no tienen ese derecho? Se supone que estamos presas.

El hecho es que ella se tranquilizó. Obviamente yo con mi procesión por dentro me altero mucho más, me pongo mucho más nerviosa y cada vez tengo más presión con el número dos.

La otra muchachita me preguntó por que estoy allí, le digo que me habían detenido, que había bebido y por eso estaba presa. Y le

57

pregunto yo a ella el por qué, y resulta que la habían detenido porque venía con un amigo y al parecer ese amigo vendía droga y entonces los agarraron con la droga en el carro y el amigo también fue preso junto con ella.

Le preguntamos a la otra muchacha que nos estaba acompañando, a la que se alteró. Ella estaba porque había robado en el Aventura Mall, en el Victoria Secret, junto con otra amiga, que también estaba allí pero no estaba en la celda con nosotros. Y nos cuenta: "Yo le había dicho a ella de no regresar, pero regresamos a la tienda y ahí fue que nos atraparon" Como que no habían robado suficiente y regresaron por más. No se la verdad cual fue la estrategia del robo ni el plan nefasto que se inventaron, el hecho es que fue fallido totalmente porque las atraparon, pero ella aclaró que era ¡su tercera vez! Eso es insistir golpearte contra la misma piedra una y otra vez.

Vamos a describirles un poco el cuarto, es un lugar bien frío, es helado, el frío es insoportable allá adentro. Es tal cual estuvieras dentro de una cava. Belleza tiene una floristería y tiene una cava donde preserva sus flores, bueno como esa temperatura de ahí dentro sentía yo. Después me enteré que es una manera de quebrantarte y tranquilizarte, porque como te estás muriendo del frío tratas de no moverte.

Yo tenía los brazos metidos dentro del uniforme, ya les dije que era XL y obviamente mis brazos entraban fácilmente ahí dentro gracias a Dios. Trataba de cubrirme un poco del frío pero estábamos sentadas en una cama de acero inoxidable que por supuesto, estaba helada. Yo no me movía ni un centímetro porque había logrado calentarme un poquito y no pensaba ni era negociable moverme y tener que calentar otro pedacito ya que era literal como sentarte sobre un cubo de hielo.

Nos entregan la ropa, nos cambiamos, sí, sí, delante de todas, sin derecho a objeción. Me entregan mis cosas y salí. Wao, ¡cómo me pegó la luz!, claro eran las 9:30 de la mañana,10:00 tal vez. Ese sol brillante, hermoso y precioso de Miami, con aquel dolorón de cabeza que yo cargaba, eso fue como una puñalada. El rayo de luz que me entró en los ojos, y cuando logré aclarar la vista vi las dos caras más hermosas que había visto en mi vida, la cara de mi amiga Belleza, y la cara de mi otra amiga que me había comentado del curso que les mencioné. Nos abrazamos las tres y lloramos. Yo logré tranquilizarme un poquito, ellas preocupadas me preguntaron ¿cómo me sentía? Tan bellas las dos, me revisaron de pie a cabeza, verificando si estaba completa o no.

Me entregarón un vaso de café, que era lo que yo más deseaba. Amo el café, el café en la mañana para mí es un ritual, no puedo no tomármelo. Es lo que me despierta, tengo una dependencia con el café que no es normal. Al entregarme el café me dicen que lo había traído otra amiga, también del grupo. Eso me sorprendió muchísimo, porque creo que nos habíamos visto una sola vez o dos veces en la vida, y ella no estaba esa noche con nosotras. Se había ido temprano, pero bueno, gratamente pensó "voy a ayudarlas y colaborarles en lo que puedo, antes de irme a trabajar paso por allí dejando desayuno". Fue el café más sabroso que he degustado en mi vida.

De ahí nos fuimos a mi casa, en el carro Belleza me pone al tanto. Me dice que se comunicó con mi hija por el teléfono, le dijo que yo estaba bien y que estaba con ella. Que se fuese en Uber al colegio, o que le dijera a alguna amiga para que le diera la cola, que no se preocupara, y le comunicara a mis papás que yo estaba bien, que estaba con ella, que no había pasado nada, que yo llegaba más tarde. También me tenía la cita con el abogado, que la cita era a las 12:30, que el abogado me estaría esperando.

O sea, una lluvia de información, de cosas que había hecho por mí, en escasas horas, porque obviamente no concretas una cita con un abogado a las 6:00 de la mañana, ni a las 8:00, ni nada por el estilo. Ella había hecho muchísimas cosas por mí, preocupada y ocupada en ayudarme y solucionarme. Siempre me sentiré en deuda y muy agradecida con ella.

Llegamos a mi casa y Belleza no me abandonó, se lo pedí y entró conmigo.

Mi Papá, Mi Hija Y Belleza Mi Amiga.

Mientras estoy en brazos de mi mamá hecha un mar de lagrimas sin poder hablar por el llanto, mi amiga está tratando de más o menos explicarle un poco la situación. Sin darle en realidad la noticia. Se acerca mi papá, con sus pantuflas, con su pijamita, mi papi tan lindo, un hombre tan integro, tan recto, tan honesto, tan de buen proceder, y su hija, lo que el más quiere en la vida, a quien le ha dado todo en la vida, llegándole con un récord criminal a la casa, con la noticia de que había estado presa, que había pasado la noche en la cárcel. Fue súper duro, fue súper difícil, y sorpresivamente fueron muy tolerantes conmigo, comprensivos. ¡Qué PADRES, que lealtad, que amor tan grande, yo pensé que me dirían hasta del mal que me iba a morir, no era para menos!

Le digo a mi mamá: Dindo por favor, hazme un café. Me voy a bañar volando, porque tengo la cita con el abogado a las 12:30. Tengo todavía que ir a buscar el carro, porque ese dia era viernes, sino se iba a quedar todo el fin de semana en el sitio donde lo remolcaron.

Cuando me arrestaron me preguntaron si no podía llamar a alguien para que se llevara el carro sino tendrían que remolcarlo y yo: "no, ya se fueron, me quede sola". Ni loca iba a vender a mis amigas, habrían terminado con un DUI también sin duda.

Nosotros tenemos un solo carro, porque el carro de mi hijo, que todavía lo teníamos en ese momento era un Camaro, y ahí ¿Quién se monta y quién se baja? O sea mi hija y yo, pero mis papás no pueden. Aparte, es un carro súper incómodo, un deportivo, eso es para pavos, para gente jóven, universitarios, y yo tenía que ir a buscar mi camioneta, no nos podíamos quedar sin carro.

También estaba la urgencia del número dos. Ya en la puerta de mi casa, tocando el timbre se me había escapado un vientito de aquellos y le tuve que pedir disculpas a mi pobre amiga Belleza, que hasta con eso tuvo lidiar conmigo ese día. Lo que hizo fue reírse, porque es que tiene un sentido del humor y una simpatía ¡que personalidad! de verdad, ojalá todos los que me lean tengan una amiga como ella, es una nota y súper divertida. Yo no puedo estar seria con ella, siempre nos estamos riendo, yo no entiendo, es de esas personas que tienen la habilidad de sacar lo mejor de ti.

Total que voy, hago por fin número dos, me despido por fin de aquella presión indeseable dentro de mi cuerpo, lo suelto, me baño, me lavo los dientes, me tomo aquel café, me llevo un café mas para el camino.

A todas estas me acuerdo de mi hija, mi princesa, mi luz, mi pulmoncito, uno de mis pulmones, porque yo digo que mis hijos uno es el pulmón derecho y el otro es el izquierdo. Y bueno, no voy a decir cuál es el izquierdo y cuál es el derecho. Ellos que decidan ese par son muy inteligentes, son súper astutos, entonces los dos quieren el izquierdo porque ese es el del corazón y bueno, nada, uno de mis pulmones.

Mi hija estaba en el colegio, con la cabeza como Hello Kitty, o sea gigante, porque claro, ella sabe que este no es el proceder de su mami. Su mami jamás ha dejado de dormir una noche en casa, a menos que este viajando. Mis viajes sin ellos la mayoría de las veces han sido de trabajo. Cuando no son de trabajo, ellos vienen, son de placer, son vacaciones familiares, y pues vamos todos normalmente, los cinco, mi tribu, como los llamo yo. Nosotros somos una tribu y nos movemos juntos para arriba y para abajo, somos una familia súper unida.

Ella sabía que eso no cuadraba, que su mamá no es mamá de dormir fuera de la casa. Su mamá no es de malos ejemplos, su mamá no hace ese tipo de cosas. Ella sabía dentro de ella que algo más estaba sucediendo. Me escribió un texto a escondidas, desde el colegio. Ella no puede utilizar el celular en el colegio porque se lo decomisan. No sé si habrá ido al baño o si uso el Apple watch, porque es una pícara, súper inteligente y astuta.

Me manda un texto y le digo que sí, que todo está bien, pero que me habían puesto un DUI, al decirle eso ya ella sabía que había estado presa. Ella quiere estudiar leyes y está en la escuela de leyes en el colegio, claro, después de decirle eso la niña automáticamente empieza a pedirme encarecidamente: "Mamá, por favor, ven a buscarme, ven al colegio, no quiero estar aquí, quiero estar contigo". Tan linda mi niña, tan chiquitita, tan inteligente y acertada, ella sabía que no era momento de dejar a mamá sola, que era momento de estar conmigo, y le digo "Bueno mi Catira, voy a hacer todo lo posible de irte a buscar, pero no es fácil porque tengo el tiempo contado, tengo que ir a sacar el carro del sitio donde se lo llevó la grúa, porque si no nos vamos a quedar sin carro el fin de semana, y tengo después que ir al abogado. Le digo voy a hacer todo lo posible por buscarte antes del abogado sino a lo mejor, ni siquiera llego a tiempo para buscarte al colegio, porque en el abogado no tengo ni idea de cuánto tiempo me tarde".

El hecho es que vamos, buscamos el carro, y Belleza me dice: "vamos a buscar a la Catira al colegio" y vamos. Con una vergüenza gigantesca, porque ¿Cómo te paras en frente de tu hija, a quien tanto le hablas, con quien tan buena comunicación has tenido toda su vida, diciéndole siempre que toda las acciones tienen consecuencias, que uno tiene que pensar las cosas antes de hacerlas, bueno, como digo yo, "un sinfín de teorías", pero en la práctica es uno quien falla? Y bueno, uno normalmente a esa edad todavía idolatra mucho a su mamá, su mamá no comete errores. Yo creo que ella así me veía o me ve, aspiro que me vea con los mismos ojos que antes de este evento.

Se subió al carro, en lo que me ve… Claro, yo estoy me supongo, que súper hinchada de llorar, todavía con el dolor de cabeza, que sigue encariñado conmigo, que no me dejaba. Me ve y llora, yo lloro, Belleza llora. Terminamos las tres llorando y luego nos dirigimos hacia la oficina del abogado.

El Abogado.

Llegamos a las oficinas del abogado, mi amiga se estaciona y yo muerta de la vergüenza. Yo, María Enriqueta Cruz, una ciudadana tan correcta, que siempre cuidó y pensó lo que hacía y lo que decidía hacer antes de hacerlo. No soy una persona impulsiva en muchas cosas de mi vida, hay unas en las que si soy un poco, pero en la mayoría de las cosas no lo soy. No me define la impulsividad, pero nada a lo hecho pecho. Me planto frente al abogado, él me dice que no me preocupe, que todo tiene solución, que no me sienta mal, que eso le pasa a muchas más personas de las que yo pienso. De lo que estoy consciente, pero a mí no me interesa que a los demás les haya pasado. A mí lo que me interesa es que a mí no tenía que haberme pasado, a mí no me importa lo que hagan los demás, era mi pensar en ese momento.

Es como cuando mis hijos a veces me decían: "Mamá, saqué mala nota", ¿Bueno pero por qué sacaste mala nota?" Y me contestaban "No, no, no, pero todo el salón sacó mala nota", a mí no me interesa el resto del salón, a mí me interesa eres tú. Tú no tienes excusa para salir mal, tú tienes que estudiar, es la única responsabilidad que tienes porque de todo lo demás me encargo yo. Entonces sí, yo estaba ahora exactamente en la misma posición, no me interesa que hayan 200 mil arrestos al día por DUI. No tenía yo que formar parte de esa estadística, porque no fui criada de esa forma, no pertenezco a ese núcleo, a ese tipo de ciudadanos, pero bueno había caído en la estadística.

Obviamente, le estoy diciendo que no soy de ese tipo de ciudadano, el abogado me hizo la pregunta principal, que si eso había sucedido otras veces y le digo que no. Que es mi primera vez, es primera vez en mi vida que entro a una estación de policía. Que yo jamás en mi vida ni siquiera había entrado ni nada, que no, que yo no tengo ningún delito. Ni aquí, ni en Venezuela. Nunca en mi vida he tenido ningún impase delictivo o legal más que mis dos divorcios, eso es lo más cerca que yo he estado de un juzgado.

Entonces me dijo que no me preocupara, que él podía bajarme el DUI a reckless. A todas estas se me había olvidado contarles que cuando salgo, y enciendo mi teléfono, lo conecto al cargador del carro de Belleza y me entra un e-mail de inmigración cancelándome mi visa, decía así: "VISA REVOCADA: CRUZ ORTEGA, MARIA ENRIQUETA" obviamente me convertí en fiel ejemplo de la "Ley Causa y Efecto", DUI mas una noche en la cárcel, adiós VISA igual que mi amiguita adios Beca, el 5 de octubre es el peor día de mi vida sin duda alguna. Le comunicamos esto al abogado, él me dice "debes comunicarte con tu abogado de inmigración, de todas maneras acá en el edificio hay uno que es amigo mío con el que puedes hablar también".

Mientras estamos hablando con él, bueno era más mi amiga Belleza que yo quien le explicaba lo que había pasado, pues yo entre mi dolor de cabeza y el aturdimiento, el no haber pegado un ojo; porque recuerden no dormí del 3 para el 4 porque mi hijo se fue, y pues del 4 para el 5 tampoco, o sea que yo vengo sin dormir cuarenta y ocho horas fácil y con un dolor de cabeza que no es normal. Menos mal que mi hija estaba y que Belleza también, me sirvieron de asistentes porque fueron las que me aclaron lo que dijo el abogado. La verdad es que yo no estaba para absorber ningún tipo de información. Después a los días tuve que llamar al abogado nuevamente solo para que me hiciera una recapitulación.

Me explicó que tengo dos tipos de delitos, que hay una parte criminal que es de la que se encarga él, me facilitó por supuesto sus honorarios los cuales no eran nada solidarios, aunque me hizo un buen precio por venir referida y que mi caso era bastante sencillo. El otro tipo de delito es administrativo, lo resuelves tu directamente con el estado. Nos dio una lista con las cosas que tenía que hacer, todo eso lo agarro mi amiga Belleza. Yo estaba solo de cuerpo presente, no podía ni con mi alma. Aprovechamos y nos fuimos con el abogado de inmigración que quedaba en el mismo edificio, el abogado nos acompañó y nos introdujo con su colega.

Ya yo le había escrito al mío y él me había respondido un email, gracias a Dios súper rápido, nunca había sido tan veloz; pero igualmente yo me fui a hablar con este abogado para corroborar que los dos estuvieran diciéndome lo mismo.

Yo estaba aterrrada ¿Cómo que me cancelaron la visa? O sea ¿Qué me tengo que ir? Mi hija está en el Senior Year, el último año de High School. Yo no me puedo ir y dejarla aquí. Ella tiene diecisiete años, es menor de edad, es ciudadana americana pero yo no la puedo dejar acá sola para que termine el colegio.

Ya mi amiga Belleza me había dicho "Si tienes que dejarla sola no te preocupes se queda conmigo" pero es que no se trata de eso, se trata de que es mi hija, de que es su graduación y no voy a estar, de que yo no puedo separarme de ella, por esta razón. Yo estoy preparada para separarme de ella cuando se vaya a la universidad, pero no para separarme por ningún otro motivo, es totalmente irresponsable. No me considero una persona irresponsable, en lo absoluto.

Hablo con el abogado de inmigración y me dice "Si, te cancelaron la visa, pero la visa es la entrada a un país, el permiso para entrar, tú entraste te sellaron una I-94 hasta agosto del 2020, pues hasta esa fecha tú estás dentro de este país con estatus legal. Después de agosto del 2020 caes en estatus ilegal si te quedas. Tranquila, tú puedes estar aquí, lo que no puedes es salir del país".

Menos mal que Estados Unidos es bien grande, y digo bueno, a mí realmente lo único que me importa y que agradezco es que mi hija va a poder terminar su año escolar tranquilamente y yo estar con ella en

68

su graduación. Llorar cuando la vea con su toga y birrete recibiendo su título, eso es todo lo que yo quería.

La cancelación de la visa no me importaba ya. Ya no era algo que me afectaba porque yo podía estar aquí con mi hija y acompañarla en este momento tan importante para ella, eso era para mí lo más importante de todo.

El hecho es que el abogado de inmigración le dice al abogado criminalista que necesita que me baje el DUI a Reckless para yo poder aspirar a una nueva visa. Un DUI es un record criminal y ¿A qué criminal le van a dar visa en un país? Obviamente que necesito quitarme ese DUI, yo no puedo andar por la vida con un record criminal.

Sí cometí un delito pero no soy una criminal gracias a Dios. Eso me entorpecería muchísimas cosas en mi vida. Nunca ha sido un plan para mí, solo lo veo en las películas.

Entonces, ya sé lo que tengo que hacer, ya tengo el abogado contratado, ya le pagué.

Ya tengo todo claro con el abogado de inmigración, coinciden ambos abogados de inmigración con que puedo estar legalmente dentro del país y todo aquello.

Lucha Interna... Tengo A Arnold Tamibén En Mi Contra.

¿Quién es Arnold? Arnold es mi ego, Arnold por Arnold Schwarzenegger. Es que este tipo "mi Ego" en ese momento se volvió gigantesco, igualito a Arnold. El ego es esa vocecita interna, tu pensamiento, son tus miedos, son el qué dirán, son todas las cosas que te tienden a paralizar cuando empiezas a culparte, a recriminarte, a darle más mente de lo debido a las cosas. Ya les conté que soy mental, el tipo se volvió un Arnold Schwarzenegger en cuestiones de horas y lo bauticé así desde entonces.

De flaquito que era, se convirtió en el tipo más musculoso del planeta, porque yo nunca me he dejado influenciar mucho por la opinión de las otras personas. Es dependiendo de la persona que me podía afectar, por supuesto mis seres directos, mis seres queridos me gusta que tengan una buena opinión de mí, me gusta que se sientan orgullosos de mí, pero yo no soy una persona que necesite que le estén alabando, ni agradeciendo, yo no me alimento de eso. Entonces mantenía a Arnold como en equilibrio, en dieta. Obviamente, que sí existía y me podía influenciar a la hora de tomar una decisión, pero no era tan fuerte como en este momento. Cuando me refiera a Arnold ya saben que Arnold es mi ego.

Home Sweet Home.

Llegué a la casa y se me vino el mundo encima. Me acosté en mi cama y empecé a llorar, llorar, llorar, a llorar y a seguir llorando. No podía parar de llorar. Ni mi mamá ni mi hija hallaban que hacer conmigo. Mi papá estaba confundido, no sabía si intervenir o si mantenerse al margen. Él no es una persona que revela sus emociones fácilmente, no es una persona que tú leas fácil porque es poco comunicativo.

Mi mamá me decía que me quedara tranquila, que había sido una exageración del oficial, mi papá también. Mi hija me decía que me quedara tranquila, que no me preocupara, que ya estaba bien, tratando de consolarme. A lo que por supuesto, con toda esta receptividad, con toda esta tolerancia, con toda la consideración y lealtad de mi familia hacía mí. Arnold se fortalece a pasos agigantados, el tipo era el doble, el triple aún todavía, porque empieza ese sentimiento de culpa a accionarse.

Comienzo a sentirme súper mal, la peor madre del mundo, la peor hija del mundo, la peor amiga del mundo, el peor ser humano del mundo. Mi hijo no lo sabía. Con él tengo una conexión súper especial, y no encontraba como decirle. Si lo llamaba por teléfono y le hubiese dicho por lo que estaba pasando, no habría podido contener las lágrimas y él se hubiese montado en un avión y devuelto. Y esa no era una opción

71

para mí, aunque me hubiese encantado tenerlo al lado, que me abrazara y escuchar todo lo que me hubiese dicho en ese momento.

Él es como su abuelo. De pocas palabras, pero siempre muy acertadas. Y yo no quería que él se pusiera nervioso ni nada por el estilo. Entonces, mientras más solidaria era mi familia conmigo, peor me sentía. No quería que nadie se enterara del DUI. Sentía una vergüenza gigantesca por haber pasado por eso, que la gente se enterara y pensara que era una alcohólica, una borracha o que estaba borracha en el momento que me detuvieron.

Legalmente sí, estaba borracha, pero yo no me sentía que estaba borracha, yo sentía que estaba alegre. Igualmente me daba muchísima vergüenza la opinión de los demás, el qué dirán, el hacer a mi familia pasar por esa vergüenza. Le dije a mi hija que por favor en el colegio nadie se enterara de esto. A mis padres no se lo tuve que decir porque ellos son unas personas sumamente discretas. Se lo pedí a mi amiga Belleza también. Ya alguna del grupo se había enterado, porque habíamos estado esa noche juntas, pero no quería que la cosa trascendiera más allá.

Las Malas Noticias Continúan.

Claro que continúan las malas noticias porque esto no es tan sencillo como parece o como yo me lo esperaba. Voy a resolver la parte administrativa, me voy a las oficinas donde uno se saca la licencia de conducir y me dicen que me darán una licencia temporal porque la anterior se la había quedado el oficial. Me la dieron hasta el cuatro de abril como probatoria, hasta que pueda sacarme una nueva, que cada vez que la saco no la quiero entregar porque dice que es probatoria y aja quien sepa un poquito, sabe que tengo un DUI y todavía me pega un poco. Arnold todavía tiende a salir a flote.

Esa licencia me costó doscientos dólares, gracias, vamos sumando. Y me dicen que tengo que hacer la escuela del DUI, que es un fin de semana, un sábado y un domingo. Esa escuela tiene un costo y me van a entregar un certificado, pero para que me entreguen ese certificado, tengo que ir con una psicólogo, ella me entrega el certificado y me dice que tengo que ir con otra psicólogo. Esa otra psicólogo me dice que me va a poner doce sesiones porque la ley indica que eso es lo mínimo.

No están analizando verdaderamente tu caso, si eres una alcohólica o no. Están obligándote a hacer esas sesiones porque éstas tienen un costo. Dentro de las sesiones aleatoriamente te pueden pedir hacerte una prueba de droga o de alcohol y por supuesto, lo pagas tú. Y así infinidad de gastos, infinidad de cosas que tengo que hacer para salir de este rollo en el que me metí de la manera más imprudente que uno se pueda imaginar.

Capítulo 3:

LUCHA INTERNA

CAPITULO 3

LUCHA INTERNA

Me Preocupo, Pero Ahora Me Ocupo.

Como ya les expliqué en el capítulo anterior, me asignaron doce sesiones, todos los lunes durante doce semanas. O sea, por tres meses tengo que enfrentarme al hecho de que la vida, la ley o como lo quieran llamar me recuerde que tengo un DUI. Si ya los lunes eran pesados, como lo son para todo el mundo, imagínense lo que significa tener una sesión todos los lunes a las 7:00 pm, por hora y media más o menos.

El primer lunes fue bien difícil, bueno cada lunes era un reto en realidad. El primer lunes me encontré en un salón lleno de hombres, había solamente una muchacha jovencita y yo, éramos las únicas mujeres, todos los demás eran hombres.

Les informo algo, el DUI no tiene distinción ni de raza, ni de sexo aunque hayamos sido dos mujeres contra más o menos quince hombres que había en el salón. Lo que pasa es que casi siempre es el hombre el que maneja y no la mujer cuando uno sale. Eso hace que el índice de las mujeres sea menor pero no porque realmente no se pongan detrás del volante habiendo bebido, hay que ser sinceros y honestos porque absolutamente todas las mujeres que conozco lo han hecho alguna vez.

No se trata de la cantidad de veces que lo hagas, una vez que lo hagas te puede llevar a tener un DUI, como lo más sencillo sin querer invocar una tragedia. Yo no soy diferente a ninguna de ustedes y ustedes no son diferentes a mi, somos iguales, estamos de la misma manera siendo imprudentes e irresponsables tomando la decisión de ponernos detrás del volante habiendo bebido.

Ya no sirve de nada preocuparme ahora me toca ocuparme, y empiezo con mis sesiones. Algunos días fueron más fáciles que otros. Algunos días tuvieron su connotación humorística, porque cada quien tiene su manera de llevar su duelo, pero todos llegamos a la misma conclusión en esas sesiones y es que fuimos unos imprudentes al haberlo hecho. Todos hubiésemos querido devolver el tiempo, de haber podido hacerlo, de tener esa facultad, y por supuesto no lo habríamos hecho. Otros siguieron bebiendo pero no manejaban.

En realidad este libro lo escribo porque me alegraría muchísimo que todos entendieran y aprendieran a través de mi historia, yo me estoy desvistiendo y develando mi secreto más vergonzoso porque mi mayor anhelo es que aprendan a través de mí y se ahorren este momento.

Este ha sido en mis 47 años, el momento más difícil de toda mi vida, literalmente me estrellé contra un muro de concreto, mi realidad cambió por completo, fue como si una gandola (el camión mas grande que existe) me atropellara. Mi mayor y más grande pesadilla.

Obviamente, me gustaría que mis amigos, familiares y tú lector, aprendieran a través de mí y no se pusieran detrás del volante luego de haber bebido, porque estamos poniendo en riesgo nuestra vida y la de los demás. Si insistes en seguir haciéndolo y un día un DUI te alcanza, ojala corras con la suerte que corrí yo de simplemente afectarte tú mismo y no dañar ninguna propiedad ajena, ni a ningún otro ser humano. Por ejemplo, un perrito, porque ese perrito tiene un dueño, forma parte de una familia, o ese gatito o lo que sea que dañes y que agredas, no quiero ni mencionar a un ser humano. Ojalá tu DUI no venga acompañado de una tragedia.

Después de todas estas sesiones, después de todos los cursos que he tenido que hacer porque han sido varios, uno ha sido más aleccionador que el otro. Uno me ha llevado a entender más que el otro lo imprudente que fui y lo poco que valoré mi vida al ponerme detrás del volante habiendo bebido.

Hablando Con "Mí Misma".

"Mí Misma" el personaje de mi amiga Fabulosa, la que emigró a Medellín, uno de los dedos que cuento con una mano, que les mencioné anteriormente. Esa que se pregunta ¿Quién limpio la casa? Mí Misma, se responde, (Fabulosa también es un personaje). "Mí Misma" también es mi compañera en mi vida, la llamo igual. "Mí Misma" no es más que yo, mi SER, mi ALMA yo misma pero con Arnold dormido.

Cuando "Mí Misma" surge en mí, Arnold está descansando, porque en algún momento se tiene que sentar en la banca y descansar. Cada día lo mantengo más a raya y no lo traigo al juego, porque entorpece mi visión y me desenfoca de mi meta y de lo que soy.

Por supuesto, después de cada sesión que llegas a tu casa, te acuestas en la cama... Normalmente cuando me acuesto hago un recuento de lo que fue mi día y empiezo a pensar en las sesiones y en lo distintos que somos todos los que estamos ahí. Distintas clases sociales, distintas carreras, distintas profesiones, distintas nacionalidades, distintas maneras de hablar, de percibir la vida y sobre todo, distintas maneras de afrontar el problema que estamos pasando.

Empiezo a no entender muchas cosas que suceden a mí alrededor. Cuestionaba ¿Por qué siguen bebiendo? ¿Por qué beben aunque no manejen? Yo no tengo ni siquiera ganas de beber. Además la psicóloga me lo dijo bien clarito cuando me asignó las sesiones, no estas supuesta a beber durante en tiempo que duren las sesiones. Comienzo a decirme: Bueno, cada quien tiene su manera de ser, en realidad no es que hay problema con que lo hagan, el problema es que manejes cuando lo haces". Támbien aprendes a ser más tolerante, a juzgar menos, mirar al resto desde el banquillo de los acusados te desarrolla esa virtud.

Aquí nadie está señalando al que le gusta beber, al que le gusta compartir con una copa de vino, al que le gusta disfrutar de una cena con un trago. Yo lo hice infinidades de veces y los disfruté todos muchísimo; inclusive esa noche que salí y me pusieron el DUI la pasé genial. Me reí muchísimo, esa noche la recuerdo llena de sorpresas, de risas, de buena compañía, fue muy buena pero lastimosamente cerró de manera trágica para mí.

Gracias a Dios no para el resto de mis amigas, a las que quiero mucho y aunque hoy por hoy no comparta con ellas porque mi vida ha cambiado muchísimo, porque ya no soy la misma y el DUI me marcó, les sigo teniendo mucho cariño.

¡Siguen Las Malas Noticias!... Invertiste Mal Tu Tiempo Y Tu Dinero.

Empieza a pasar el tiempo, y me doy cuenta de que no soy la misma después de haber tenido el DUI. No se puede ser el mismo después de haber sido atropellado por una gandola, de sentir que te estrellaste contra un muro de concreto. Obviamente cambias, tu perspectiva, tu visión, hasta el concepto que tienes de ti misma va a cambiar. Es imposible que sigas siendo la misma.

Es como cuando estás soltero y te casas, claro que cambias, cuando eres mamá también. Cambias porque son eventos que marcan tu vida, que marcan un antes y un después. María Enriqueta en esencia puede ser la misma que a lo mejor estuvo en el colegio, en la universidad pero no es para nada la misma María Enriqueta después del 30 de abril de 1998 que se convirtió en madre.

Luego tuve una segunda hija, también me cambió porque era madre de un varón y ahora era madre de una niña. Después me divorcio, todas esas cosas te van cambiando.

Y claro todo lo que estoy nombrando para mí son causas positivas. Y los eventos negativos como por ejemplo, el divorcio también te cambia, te cambia tu perspectiva, sales de un divorcio diciendo: No quiero saber de hombres y no voy a salir con ellos. Asi que bueno, después de este DUI no podía seguir María Enriqueta siendo la misma.

Entonces, ¿Por qué digo que invertí mal mi tiempo y mi dinero? Bueno, lo invertí mal porque el tiempo va transcurriendo, yo sigo en mi casa, sin ánimos de salir, sin ánimos de encarar mi realidad ni ver el mundo. Yo sentía que tenía escrito DUI en la frente. No quería ni salir a botar la basura de mi casa, obviamente si lo hice, no vayan a pensar que me volví una coleccionista de basura.

Las realidades comenzaron a alcanzarme. Vi como la vida continuaba siendo igual, siendo la misma para los demás, para los que me acompañaron esa noche, ninguno aprendió la lección. Los jueves de Happy Hour siguieron ocurriendo. Cada jueves a mí se me hacía un hueco, un vacío en el estómago porque me preocupaba por cada una de mis amigas. Yo sabía que estaban bebiendo, y sabía que se regresaban a su casa manejando, y sé que todavía lo hacen.

Independientemente que hoy no salga a compartir con ellas, porque no estamos en la misma sintonía, sí me preocupo y me gustaría que no lo hicieran porque todas tienen un valor, todas valen mucho y sus vidas son importantes. Todas son hijas de alguien, son mamás de alguien, hermanas, novias o esposas de alguien, son seres súper importantes en la vida, y son importantes para mí.

Bajo ninguna circunstancia yo estaría indiferente ante algo que les sucediera bueno o malo, cuando las veo contentas, las veo que están disfrutando, y que están con su pareja, me alegro muchísimo por ellas. Si les llega a suceder algo malo, me voy a preocupar, nunca me alegraría ni diría "te lo dije". Obviamente me va a causar tristeza porque no quiero que les suceda nada malo.

Hasta Aquí... ¡Basta!

Llega un punto en el que decido que debo dejar de pensar en lo que sucedió. De dejar de vivir en el pasado, de recriminarme, de culparme, de sentirme mal conmigo misma. De estar en ese rol de papel de víctima, que es una posición bastante cómoda porque cuando tú eres victima la gente a tu alrededor tiende a ser más condescendiente contigo y a considerarte más de lo que debe. Esto claro que te genera cierto confort, pero es un confort que no te deja avanzar. No te deja ocuparte de lo que te tienes que ocupar, que no te deja salir de allí. Ese papel de víctima no trae absolutamente nada positivo a la vida de nadie, no tenía por qué traer algo positivo a la mía tampoco.

Los Miedos, La Culpa, El Qué Dirán Y Todo Lo Que Tu Arnold Quiera Agregar.

Sigo con muchísimo temor, con mucho sentimiento de culpa, muy pendiente del qué dirán, no quiero que nadie sepa que tengo un DUI. Quiero pensar que, si no lo digo no pasó, que si no lo pienso no pasó. Como la canción que siempre canta Belleza, la de Thalía "Y si no me acuerdo no pasó, eso no paso", Pero claro todo esto está pasando al mismo tiempo. Todos los lunes me recuerdan que sí pasó, que sí lo hice. Algunos lunes nos ponen videos de adicciones, de muchas cosas relacionadas con el tema. Otros días no hacíamos nada más que conversar y pasar ahí el rato, como cuando en el colegio te mandaban a la biblioteca por una hora y estabas ahí callada sin hacer nada. La única diferencia es que en esta biblioteca si te dejan conversar y es lo que haces, conversar con tus otros compañeros de desgracia.

Por supuesto los miedos y la culpa son la vitamina que fortalece a Arnold, hacen que crezca y que se vuelva poderoso. Hacen que cada día te recrimines más y te sientas peor. Cada vez que pagas una sesión, un examen, una prueba de drogas. Esos lunes para mí eran un golpe a "Mi Misma" punto a favor de "Arnold", porque jamás, a todas estas, nunca me he sentido una criminal. Quizás porque gracias a Dios no le hice daño a nadie, pero bueno, la ley me ve así. Tengo un record criminal.

Y eso es una realidad que, Dios mediante, cuando termine todo este proceso voy a poder borrar. No al 100% como me dijo el abogado, no se puede borrar al 100% un DUI, pero si lo puedo bajar a "Reckless" que es como un conductor imprudente. Ese es mi caso particular porque es mi primera ofensa de cualquier tipo. Ya les dije que mi contacto más cercano con la constitución son dos divorcios. Y gracias a esto, voy a poder salir mejor parada.

Mami, Eso Le Pudo Haber Pasado A Cualquiera.

Mi hija es un ser maravilloso al que amo con todo mí ser. Nosotras tenemos muchas conversaciones, siempre estamos juntas, siempre hablando, siempre estamos compartiendo. Ella es mi mejor amiga, ella es mi mayor aliada, es todo un personaje. Mi vida brilla, los colores se ponen más intensos y más bonitos cuando la tengo al lado.

Ella empieza a ver qué cambio mucho, que dejo de salir, que ya no hay jueves, ni viernes, ni sábado, ni domingo, ni lunes, ni martes, que ya no hay ningún día de la semana que mamá salga. Ningún día de la semana que a mamá la visiten, ve que mis amigas desaparecieron, la única que sigue apareciendo es Belleza, que es la única que de una manera u otra me ha acompañado. Vino un par de veces a la casa porque, bueno, yo la he invitado, no le estoy recriminando, ella tiene su vida, le pasan cosas también en su día a día, a quién no? y está bastante ocupada. Además la vida continúa, Belleza es empresaria, es dueña de una floristería preciosa acá en el Doral, está muy entusiasmada con su nuevo proyecto y yo súper feliz por ella, muy contenta por el éxito que está teniendo porque se lo merece. Ella es un ser de luz, un encanto de mujer, es una bendición tener una amiga, una persona así cerca de ti. Que levanta el teléfono una o dos veces a la semana para saber cómo estás, para compartir contigo, para reírnos, me río mucho con ella.

Retomando jeje, mi hija empieza a ver que mami está aislada, y se empieza, me imagino yo, a preocupar. Y me dijo un día "mami, ¿Por qué no estás saliendo?" Y yo le contesto "Bueno hija, porque no tengo ganas" no le menciono ni siquiera que no estoy saliendo por lo del DUI. En ese momento, se paró en frente de mí y me dijo "mami, eso le pudo haber pasado a cualquiera", pero con manos en cintura y expresión corporal de tolerancia baja. Los que la conocen saben de qué pose les hablo. Cuando me dijo eso, me sonreí, la llame a mis brazos, la abracé, la besé y entendí que sí, que era una gran verdad.

Lo que me pasó a mí, le puede suceder a cualquiera. Todas las personas con las que he compartido a lo largo de mi vida adulta, estando en Venezuela o aquí en Miami, o en cualquier otra ciudad, de alguna manera u otra, se han puesto detrás del volante después de haber bebido. Y toda persona que haga eso, está expuesta a tener un DUI. Así que sí, un DUI le puede pasar a cualquiera.

Un DUI no viene casado con un borracho o una persona que tenga problemas de alcohol. Un DUI es ser imprudente, irresponsable por decidir ponerte detrás de un volante habiendo bebido. No estamos claros en la cantidad de facultades que se pierden cuando se está bajo los efectos del alcohol, independientemente de que tú te sientas bien. Pueden informarse preguntando a médicos o consultando en Google, como sea más cómodo para ustedes, es literal y cero exageranción que estamos poniendo nuestra vida en peligro y lo más triste la de los demás támbien.

Uno de los efectos es que el campo visual se va cerrando y es como ponerte al volante con unas gríngolas puestas. Es bastante peligroso, yo estoy segura que ninguno de ustedes se pondría al volante con unas gríngolas puestas, por muy abiertas que estén. Pues hacerlo habiendo bebido es exactamente eso. Obviamente las gríngolas se van cerrando en función de la cantidad de alcohol que van ingiriendo, pero estan allí y eso es lo importante. Eso yo no lo sabía y lo aprendí en la escuelita del DUI. En ese momento entendí porque la oficial me decía que lo estaba haciendo mal cuando me pidió que siguiera el bolígrafo con la vista, moví la cabeza para poder seguir viéndolo porque mi campo visual no era el mismo.

La Claridad Es Poder.

Una vez que mi hija me dice que esto le pudo haber sucedido a cualquiera, entiendo que sí, le pudo haber sucedido a cualquiera. Y eso me dio poder, cachetada para Arnold, punto para Mí Misma porque me hizo sentir que es verdad. No soy una criminal, que no soy menos que nadie, que el DUI no tiene por qué definirme, ni etiquetarme. Arnold se arrincona yeiih y Mí Misma gana terreno.

Soy una persona luchadora, nunca me ha gustado el papel de víctima. No sé si es un defecto o una virtud. No me gusta pedir ayuda, me gusta hacer las cosas yo misma. No me gusta que la gente me tenga lástima, ni tenerle lástima a la gente, me gusta tenerles consideración y ponerme en el lugar de ellos para tratar de entender el por qué son como son. Observo y analizo mucho a las personas, sobre todo a las que me importan. A las que, de alguna u otra manera, han tocado mi corazón y a las que lo siguen tocando.

Cada día se me iba aclarando la mente, porque en esas sesiones, a medida que el tiempo va pasando, vas conversando, vas internalizando cada vez más lo que pasó. Las aguas se van calmando, lloras menos y te vas sintiendo un poco mejor contigo misma. Cuando abordas el tema ya no te afecta tanto.

Mis Padres Se Van.

Les comenté que mi mamá fue la que me abrió la puerta de la casa, mis padres habían venido de visita a despedirse de mi hijo, que se iba a Madrid a la universidad. Estaban acá al momento del evento y seguían acá.

Entre mis miedos y culpas, mi mayor miedo fue el de manejar y eso que no choqué ni nada. Yo temblaba cada vez que veía una patrulla de policía, me ponía súper nerviosa. Tu placa queda fichada con el DUI también, ellos tienen una computadora en su patrulla que les indica si tienes uno. Yo me imaginaba que mi placa era como de neón y decía "DUI, DUI, DUI" parpadeando.

Me pararon una vez porque estaba cambiando de canal, y aunque tenía la luz de cruce puesta, me puse delante de una patrulla de policía. No iba a alta velocidad ni nada por el estilo, pero me paró, y estoy segura que me paró simplemente porque mi placa tenía un DUI y a lo mejor se ofendió porque yo sentí que no había ningún problema en que yo me cambiara de canal y quedara delante de un policía, de una patrulla teniendo un DUI. Porque insisto en no verme como una criminal, no soy una criminal. Pero para ellos sí, no es que la computadora les dice mi caso ni nada por el estilo, sino que tengo un DUI.

Él se paró, me llamo la atención, me dijo que el hecho de que yo pusiera la luz de cruce no implicaba que podía cambiarme de canal, que tenía que esperar, que él quería avanzarme y no me había podido avanzar "por la derecha", porque yo me cambié de canal.

Para hacer el cuento corto, yo nunca entendí más que "Ok, tengo un DUI", me dejó volver a mi camino, yo estaba yendo a buscar a mi hija en el colegio. Por supuesto que lloré. Cuando mi hija se montó en el carro yo todavía tenía las lágrimas en mis ojos, estaba súper nerviosa, y sí, quede con mucho terror de manejar, mis papás manejaban la mayoría de las veces por no decir todas, pero tenían que regresar a Venezuela. Habían extendido su estadía como quince días más, yo se los pedí, mi papá paso su cumpleaños acá, tenía tres años que no pasaba el cumpleaños con él. Pensé el DUI no solo me trajo desgracias, también me trajo la bendición de pasar el cumpleaños con mi papá porque se quedaron acá y tuvo un cumpleaños como los de siempre en Venezuela, solo que no estuvo mi hijo.

Su cumpleaños es cerca de diciembre, con su cumple llegan las primeras hallacas del año. Se las hacemos, a él le encantan y a mi mamá le quedan buenísimas, los amigos de mi papá ya están acostumbrados a que el día de su cumpleaños prueban las primeras hallacas, las de mi mamá son famosas entre las amistades y los familiares.

Ese día fue súper chévere, mi papá cumple el 8 de noviembre; ese día por primera vez me olvido del DUI. Claro, igual no bebí, porque fue una decisión que tomé, fue un compromiso. Además como ya les dije, la psicóloga que me asigno las doce sesiones me dijo que no estaba supuesta a beber durante el programa y bueno pues yo obedientemente he acatado las reglas del juego a la perfección. Sin duda alguna, siento que es parte de mi proceso de sanación.

Es como mi propia condena, la que he decidido colocarme yo támbien, y para que vean como es la vida a veces, absolutamente todo lo que le regalaron ese día a mi papá fue alcohol. Justo cuando yo no estoy bebiendo, y por supuesto, la marca de whisky que me gusta, y los vinos que me gustan, parece que lo hubiesen adivinado, que yo les hubiese comentado "Tal vino me encanta".

Esa botellas siguen aquí en mi casa. Mis padres no son personas de beber, y además se regresaron a Venezuela. A mi papá le gusta, como buen español, acompañar algunas comidas con una copa de vino, pero hasta allí, no es que se siente a beber, ni nada por el estilo, o a "Caerse a palos" como decimos en Venezuela. En absoluto, a mi papá lo que sí le gusta es jugar dominó, y es muy bueno haciéndolo. Mi mama ni hablar, con una copa está toda una noche, si es que acepta que se la sirvan, a ella le gusta probar de la copa de papi o la mía.

Llegó el día y mis padres se fueron. Me quedé solita con mi hija y con Belleza, que cada vez es más intermitente, porque está enfocada en su trabajo, en su empresa, en su proyecto. También tiene tres hijos, tiene una vida pues. En algún momento tengo que dejar de ser víctima ¿No?

¡Otra Vez Sola!... ¿Sola?

Me hago esta pregunta porque sí, estoy sola. Mis amigas no me visitan, no llaman, ni para el Happy Hour, dos veces coincidí con ellas porque fui a casa de Belleza. El día de Acción de Gracias, y cuando cumplió años su hijo chiquito. Unas ni siquiera me mencionaron el tema, ni me comentaron "Estás perdida ¿Dónde estás?" nada, como haciéndose las locas. Las que no saben lo que pasó, evadiendo la realidad, o aplicando la de "si no me acuerdo, no pasó" No entiendo por qué, quiero pensar que lo hicieron por no recordarme el evento, por no "Meterme el dedo en la llaga", como dicen por ahí, pero en realidad, lo que me hizo fue sentirme ajena, cada vez más ajena a ellas, y más lejos.

Otra siempre estaba "he estado por llamarte, he querido visitarte para tomarnos un café, tengo tantas cosas que contarte, han pasado tantas cosas buenas en mi vida", cosas que yo sabía que estaban sucediendo. Las veo en las redes sociales, y le preguntaba a Belleza: ¿Y qué tal está fulana? Y me decía "Está bien" nunca en plan de chisme, sin decir nada que no fuese público, que cualquier persona que la siguiera en las redes pudiese saber. Así paso el tiempo y seguí enterándome por las redes, nunca tuvo tiempo ni para el café, ni para el almuerzo.

Yo no soy persona de estar pendiente de "¿Y qué está haciendo fulana o mengana?" Yo no me ocupo del jardín de los demás, yo me ocupo de mi jardín. Eso es algo que siempre me ha caracterizado. No soy una persona tóxica ni destructiva, ni envidiosa, ni nada por el estilo.

No hay nada que me plazca más que a todo el mundo le vaya bien, que todo el mundo esté feliz, porque es que cuando a alguien le va bien y cuando está feliz, todo es más sencillo. Es que así no joden, a mí no me gusta que me joden, por lo tanto disfruto que todo el mundo esté feliz y me parece que es una manera bien simple y práctica de ver la vida, de ahorrarte contaminación innecesaria. Curiosamente sí, estoy sola, pero no estoy sintiéndome sola, estoy sintiéndome cada vez más acompañada por mí misma.

Lo Importante Es Que Estás Bien.

Bueno, ya estabamos a punto de diciembre. Mi hijo seguía en Madrid, tuvo creo que ni quince días de vacaciones. Salió el 22, agarró un vuelo y aterrizó el 23, el primero de enero ya estaba embarcándose en un avión, porqué el 2 empezaba clases, ni siquiera aterrizó a tiempo para su primera clase del año, ya el 3 volvió al ritmo de su vida.

Fue literal, una visita de médico, pero bueno, lo vi, lo abracé, pero antes de que llegara, hablando por teléfono con él, me dice "mami, pero es que son tan poquitos días, y el pasaje es tan caro, por qué no vienen ustedes más bien, en vez de yo ir para allá, y lo pasamos en un sitio distinto".Yo le pude haber dicho, que son más caros cuatro pasajes que uno, porque la tribu bajo ninguna circunstancia se dispersa jeje, mis padres también venían en diciembre, como ya les dije, siempre están, siempre, gracias a Dios.

Yo le pude haber dicho eso, pero ya estaba un poco más fuerte, y me dije "Es el momento de contarle la verdad, mi hijo se merece la verdad" Siempre he sido muy honesta con ellos. Siempre he tratado de ser transparente, en la medida de lo posible, pues a medida que han ido creciendo, y consiguiendo las herramientas para entender mejor la vida, el mundo, las cosas. Como dicen ellos "El complicado es el mundo de los adultos" y lo es, pero a veces porque también nos complicamos nuestro mundo de alguna manera.

Entonces decido contarle ya que tengo la fortaleza, no voy a romper en llanto, que era lo que más me preocupaba, porque a él, bueno, yo creo que a todos nos pasa, a nadie le gusta ver llorado a alguien, pero ver llorando a un ser querido, ver llorando a tu mamá, para mí es lo peor que hay, yo no puedo ver llorando a mi mamá, porque eso me destroza por dentro, igual cuando veo llorando a cualquiera de mis hijos y como cada ladrón juzga por su condición, asumo que mi hijo no maneja bien la situación de verme llorar.

Le explico que no puedo ir para Madrid, uno porqué efectivamente cuatro pasajes son más caros que uno, además de que si vamos a Madrid tenemos que pagar hospedaje, si él viene no, llegas a la casa, es menos gasto que vengas tú aunque sea caro. Y le explico que no puedo salir del país porque la visa la tengo cancelada, porque me pusieron un DUI, en fin le cuento lo sucedido. Él estuvo como un par de minutos tal vez, o así me pareció, en silencio, como asimilando la noticia, y luego lo único que me dijo es "Mami lo importante es que estás bien". Esas palabras me dieron muchísima claridad y gratitud, porqué me dije "SÍ, lo importante es que estoy bien".

Después de un DUI, pude haber no estado bien, pudo haber resultado una tragedia, pude haberme hecho daño, pude haberle hecho daño a alguien y eso haberme afectado emocionalmente de por vida, y mi hijo me dijo "Lo importante es que estás bien".

Mi hijo, veinte añitos es lo que tiene, pero es tan sabio y tan centrado, tan enfocado, esta tan claro, es tan maduro, siempre le digo que parece un viejito atrapado en el cuerpo de un chamo. Como se parece a mi papá, es mi orgullo, mis dos hijos, cada uno con sus virtudes y hasta con sus defectos lo son. Con sus aciertos y sus desaciertos, están pichoncitos todavía, pero son unos pichoncitos de águila, yo sé que van a llegar lejos, yo sé que cada día van a extender más sus alas en busca de su horizonte, de su sueño y van a llegar hasta donde ellos quieran, el límite se lo van a poner ellos, nadie más.

¡Mi familia jamás me juzgó!.

Capítulo 4:

UN ÁNGEL CAYÓ DEL CIELO
Y YO ME LO ENCONTRÉ

CAPÍTULO 4

UN ANGEL CAYÓ DEL CIELO Y YO ME LO ENCONTRÉ

Llegan Mis Papás.

Mis papás llegaron de Venezuela. ¡Dios mío! jamás me había alegrado tanto de ver esas dos caras que me han acompañado desde el momento que abrí los ojos por primera vez en esta vida.

No sé porqué es un denominador común, que el ser humano tiene que tocar fondo, tiene que entrar en crisis para valorar lo que tiene a su alrededor. Con esto no estoy diciendo que yo no valoraba a mis padres, siempre lo he hecho, los he respetado muchísimo y los adoro. Han sido mis compañeros, soy hija única, es un triángulo que tenemos los tres y con mis hijos ahí en el medio protegidos como dentro del corralito que puede formar ese triángulo, pero con la distancia "física", más lo vivido, los valoro más todavía de lo usual.

Esa alegría que me entró en el corazón cuando vi a mi gorda bella, mi Dindo Dindo, y mi papito, mi papito lindo, mi Superman, mi súper héroe en carne y hueso. Me transmite tanta seguridad que me hace sentirme tan fuerte, tan acompañada, tan ¿Quién se va a meter conmigo? si yo tengo a mi papá al lado, este es mi papá, mi escudo.

Llegaron y a los días, cinco días creo que pasaron, o una semana llegó Enrique. Ya estábamos todos juntos, la tribu completa, las fiestas decembrinas juntos como siempre. Planificando que vamos a comer para el 24, que vamos a comer para el 31, con quien nos vamos a reunir, si nos vamos a reunir o no con alguien. Los regalos, la navidad, el niño Jesús, el arbolito, bueno este año por primera vez no tuve arbolito. Me descuidé tanto, metida en mi problema del DUI, que se acabaron los arbolitos en el Home Depot. Cuando fui no había nada, ni una rama seca para decorarla y hacer las veces de que era un arbolito. Me voy para el Publix nada, al Winn Dixie nada, no habían arbolitos por ninguna parte, y yo utilizo el arbolito natural porque pues mi casa es muy pequeña, y yo no quiero comprar un arbolito artificial y después estar lidiando con esa caja los once meses restantes. Lo prefiero natural. Lo decoro, luego en enero lo saco, la basura se lo lleva y ya está, no tengo esa caja ahí atravesada en la casa, ya les comenté que soy práctica.

No tuve arbolito esta navidad, ah pero igual me las ingenié. Fuí y me compré un pinito de esos naturales que venden chiquititos ahí en el Publix, le puse unas lucecitas, soy bastante creativa y bueno, nuestras navidades estuvieron rodeadas de un mini arbolito jajaja pero con muchos regalos y mucha alegría a nuestro alrededor.

Aunque la vergüenza dentro de mí continuaba, me avergonzaba lo sucedido y seguía sintiéndome mal, pero cada vez más tranquila y sin beber. Fueron unas navidades sin alcohol, mis primeras navidades sin alcohol siendo adulta claro, porque uno siempre brinda con cualquier cosa en la noche de navidad. Las navidades normalmente están rodeadas de festejos, de celebraciones, y bueno es normal que el festejo siempre venga acompañado de algún brindis, de algún trago, es la forma en la que todos estamos acostumbrados a celebrar.

Vinieron unos amigos de mis papás que se conocen antes de yo haber nacido, o sea ayer. También mi prima linda y su esposo. Ellos también son de Pueblo Ordaz, son jovencitos y están embarazados. Decido decir que dejé de beber, más no decir que tengo un DUI, sino que dejé de beber, por eso digo que sigue la vergüenza. La pasamos súper bien la verdad.

Yo sorprendida me decía: fijate, han pasado ya dos meses, no has bebido más, y la verdad es que no lo has necesitado y que cada vez me siento mejor.

Hasta la textura de mi cutis ha cambiado, empiezo como a cuidarme. Comienzo también a cuidar mi alimentación. Dejé de beber, y comencé a ver resultados, en la apariencia de mi piel, en que cada vez estoy durmiendo mejor. Lo que es cuidarse, lo que es quererse un poquito, bueno, digo yo "quererme un poquito" porque yo me sentía tan fuera de mí, tan ajena a mí antes, por esa lucha de haber salido de mi zona de confort y ese vacío que sentía, que no lograba llenar con nada, y era también porque me estaba mal alimentando, comiendo comida rápida como quien dice. Las papas de Mc Donalds son lo máximo, pero no es nada sano comerlas a diario. Espero entiendan la comparación.

Mami, ¿Cuál Es Tu Resolución Del 2019?

Llegó enero. El primero, mi hija me pregunta "¿Mami, cúal es la resolución del 2019?" Ya saben que todos hacemos promesas en enero, todos vamos a bajar de peso, todos vamos a hacer ejercicio, todos vamos a llevar una vida más sana, todos vamos a cambiar de estilo de vida y nos vamos a meter a fitness. Hasta que nos invitan al primer festejo o abrimos la nevera y todavía queda pernil, o hallaca, te haces bullying preguntándote ¿y la dieta pa'cuando?, la semana que viene, o bueno el lunes. Yo no arranco a hacer nada si no es lunes, para dietas, ejercicios etc. soy la Señora Lunes. Eso es cuento de nunca acabar, siempre hacemos promesas y la mayoría de las veces no las cumplimos. O bueno no todas porque en el camino nos desenfocamos, nos distraemos, es que no es fácil ser disciplinado.

Sigo con el relato, mi hija me pregunta por mi resolución del 2019, porque a todas estas también estoy preocupándome. Soy mental, siempre estoy pensando y como me pegó tanto la ida de mi hijo y mi hija está en su último año de high school, también se va de la casa, agarra vuelo, y ahora sí que de todas todas es el nido vacío, la sensación del nido vacío, pero vacío porque de verdad va a estar vacío, ya venía yo sopesando en mi mente la realidad de que por primera vez en mi vida, voy a vivir sola.

Nunca he vivido sola, nunca me ha pasado, desde que nací viví con mis padres, luego me fui a la universidad en Caracas, yo soy de Puerto Ordaz, ya lo dije anteriormente, y en Caracas tenía mi departamento, pero yo rentaba las habitaciones, tenía mis compañeras, o sea que sola no he vivido nunca!. Luego me casé, tuve mis hijos, me divorcié, pero quedé viviendo con mis hijos y este año estoy a escasos meses de experimentar lo que significa vivir sola por primera vez, no sé ni con qué se come eso, con qué se acompaña, no sé qué se siente, por eso digo que impulsiva no soy, siempre estoy pensando y me anteceden los acontecimientos.

Debo decir que soy muy amiga de mis momentos de soledad, es más, los necesito. Hay un punto en el que necesito estar sola. No sé si es porque soy hija única y obviamente me he acostumbrado a ser mi propia compañía, a mis momentos de soledad, donde nadie viene y te interrumpe. Siempre he conseguido la manera de tener mis momentos de soledad, que los necesito y disfruto muchísimo, pero pues no sé cómo sea estar sola todos los días, todo el día.

Tenemos un gato, en realidad el gato es de mi hija, se lo regaló un vecino, pero se estuvo portando mal y lo saqué de la casa. Igualmente no se va, el sigue allí en la puerta todos los días porque yo le sigo poniendo su comidita y su agua afuera. A lo mejor termino dejándolo entrar, aunque mi hija fue quien lo sacó, a mi támbien me volvía loca dentro de la casa. Se llama Bruno Díaz, tiene el nombre de Batman, es un tipo elegantísimo este gato. Tiene personalidad, yo lo quiero mucho, la verdad es que sí, tengo que reconocerlo. Condenado gato, que a mí no me gustaban los gatos, se me coló en el corazón y si lo pienso bien creo que no me gustan, a mí me gusta es Bruno específicamente. Yo soy más de perros, pero no sé, desde que llego Bruno…Es que el hecho de que haga sus necesidades en su bandejita lo hace todo tan práctico, pero también tiene sus cosas, como todo, nada es perfecto. El tipo tiene un alcance, se sube en todas partes, no hace caso, se cree dueño de la casa y que yo soy su mascota y me vuelve loca, pero lo amo. Tiene unas garras que no son normales y cortárselas es una maldad, lo hicimos una vez y no estuvo bien, porque le estás robando su identidad, como que un felino sin garras? Pienso que se puso triste, hay que respetar, hay que respetar a todos los que nos rodean, a los animalitos, a todos los seres vivos, a la naturaleza, hay que respetar.

Jeje me desvié otra vez… Entonces, cuando mi hija me pregunta de mi resolución del 2019 y estoy enfrentándome a esta realidad de que voy a vivir sola, pues le digo: Mi resolución del 2019, es que me lo voy a regalar, el 2019 me lo voy a dedicar a mí.

Yo siempre he sido una mamá antes que nada, de lo cual no me arrepiento para nada. Estoy súper orgullosa de haber sido la madre que fui y soy, porque tengo dos hijos maravillosos, dos hijos que son pichones de águila. Dos hijos que no han tenido miedo de salir volando en búsqueda de su destino, de encontrarse consigo mismos, de ser cada día mejor persona, son competitivos. Y lo que más me gusta de lo competitivos que son, es que no compiten con el que tienen al lado, compiten con ellos mismos. Cada día quieren ser mejores personas y mejores profesionales. Su reto es interno, pienso que he hecho un buen trabajo y creo que el haberme abocado a ellos, haberlos convertido en mi pequeña empresa, en mi prioridad, me ha dado excelentes frutos. Hay que sembrar para cosechar, eso es una ley de vida.

Yo he sembrado bien, he sembrado desde el amor, desde la consideración, desde el respeto. He evaluado cada amistad que han tenido, cada amistad que les he presentado. He pensado cada movimiento que doy. Por supuesto que me he equivocado, muchas más veces de las que me habría gustado, pero todo es parte del aprendizaje.

Los hijos debemos entender y saber que nuestros padres son seres humanos, con miedos, con culpas, con asiertos, con desasiertos, con virtudes. Son nuestros padres, pero son seres humanos, solo que nosotros los conocemos como mamá y papá. No el personaje que está dentro de ellos, no la mujer ni el hombre, solo mamá y papá, entonces mamá y papá son perfectos y cuando creces te das cuenta de que tienen sus errores y sus defectos, pero que nadie venga a hablarte de ellos. Es una cadena, ahora a mí me evalúan como mamá, no la mujer que existe dentro de mí.

Para no hacerlo muy largo, año nuevo, nueva determinación. Y esta es mi nueva determinación, dedicarme a mí. Y conversando con mi amiga Belleza, porque si, la vida y el universo te hablan, te ponen las oportunidades adelante, está en ti escuchar, estar alerta, visualizar la oportunidad y aprovecharla. Me comenta de una terapeuta que la ayudó muchísimo en su momento. Ella me habla de esta terapista como un ser de luz. Me dice que es una persona que te ayuda muchísimo, sumamente espiritual, que sus terapias son totalmente diferentes a las practicadas por otros.

Y yo le digo "Amiga, por favor dame el teléfono porque a mí de verdad me gustaría verme con ella, para ver si me ayuda a mí también" porque necesito un poquito de luz. Necesito ayuda para enfocarme, entre el DUI, la venida de Venezuela y no hallarme aquí en Miami, y sin opción de irme porque no puedo regresar, tengo que buscar la manera de adaptarme y aceptar que ESTA es mi vida, mi realidad, tengo que encontrar la manera de sentirme bien conmigo misma.

Belleza me da el teléfono y me dice "La tienes que contactar tú, no te va a dar cita si la llamo yo por ti" Y yo le digo: Ok, perfecto dame el teléfono. Por eso es que siempre digo que no existen las casualidades sino las causalidades. Pienso que Belleza apareció en mi vida, primero para devolverme la esperanza de que si se puede tener una amiga entrañable. De esas que te duran mientras estés viva a los 47 años, que una amiga no tiene que ser de años para que puedan comportarse como una verdadera amiga para darte lo que tu ofreces detrás de una amistad. Y segundo, Belleza me llevó a mi ángel caído del cielo.

Invierto Bien Mi Tiempo Y Mi Dinero.

Comencé las terapias con mi ángel y desde el primer día hicimos click. Yo creo que la primera vez estuve como cinco o seis horas, No tengo ni idea, porque pierdo totalmente la noción del tiempo cuando estoy con ella. Siento que es como mi alma gemela, mi conexión con ella es tremenda. Me siento tan identificada desde todos los puntos de vista, las conversaciones son tan inteligentes, tan agradables, tan emotivas, tan intensas. Con ella no me siento como un bicho raro, no me critica, no me señala, me siento totalmente comprendida.

Mi ángel empieza con mucho cuidado y de manera asertiva, a desempolvar a la María Enriqueta que en algún momento había quedado en el pasado, perdida por las circunstancias, por las cosas que te pasan por el día a día. Es que hay veces que la vida te lleva sin darte cuenta, te dejas llevar por el flow, por la corriente y a veces no te paras a ver si estás yendo por el camino correcto. Simplemente vas yendo y bueno, las cosas te van saliendo bien pero ni siquiera estas entendiendo por qué.

Empieza a detallarme, el por qué mi vida es como es, el por qué mis hijos son buenos y la maravilla de padres que tengo. A decirme eres "Amazing" esa es su palabra. Me dice que yo la sorprendo cada día más, que está muy orgullosa de mí. Y que eso te lo diga una persona que tiene uno o dos meses tratándote te hace sentir tan bien contigo misma, que te noquea a Arnold.

Me da la fortaleza para tener a Arnold a distancia, calladito en modo flojito y cooperando, a veces intenta tomar el control y le digo "¿Sabes? Quédate quieto porque este es mi momento. Este es mi año, me voy a encontrar conmigo misma y tú te vas a callar la boca y me vas a dejar avanzar".

Estas terapias con ella me empiezan a ayudar y empieza a salir el águila que llevo por dentro, la fortaleza. Empiezo a entender por qué la gente dice que soy fuerte cuando yo no me sentía fuerte en lo absoluto, yo decía "Si soy fuerte, pero no tanto". Empiezo a reconocer en mí que sí, que tengo un águila por dentro. Simplemente venia mal volando. Paré, como pararte en el pico de un árbol, como lo haría cualquier águila y empecé a observar a mí alrededor antes de volver a agarrar vuelo.

En este camino, en este volver a agarrar vuelo, es donde ella me ha acompañado. Me ha ejercitado las alas y me ha ayudado a abrirlas, a expandirlas y a buscar mi horizonte. Me ha devuelto la esperanza. Me ha hecho creer en mí nuevamente. Comenzó a encender en mí luces que estaban apagadas, que no veía.

Es que cuando tú te sientes bien contigo misma, cuando te aceptas tal cual eres, con tus defectos y tus virtudes, te quieres y aceptas como eres, desde el corazón, no desde el pensamiento. El universo empieza a hablarte, la magia sucede.

El Universo Me Habla Y Lo Esucho.

Sí, empiezan a aparecerme como mensajes del universo, me doy cuenta de que es preferible estar solo, si es necesario estarlo para mantenerte enfocado, porque tú tienes que hacer tu trabajo también, dejarte ayudar.

El universo me habla. Lo escucho y digo: ¡Sí! Definitivamente quiero hacer labor social, quiero hacer tantas cosas. Quiero ir a África y hacer un pozo de agua, quiero ayudar a la gente, quiero dejar un legado, no una herencia a mis hijos, sino un legado. Quiero que la gente entienda el valor que tiene.

Quiero que la gente caiga en cuenta de que todos tenemos un águila adentro. Quiero que la gente se levante con el ánimo de superarse a sí mismos y ser cada día mejor. Quiero aportar mi granito de arena al mundo, a la comunidad que me rodea. Quiero motivar a la persona que quiere ser motivada. Que la gente entienda que si habemos personas que nos interesamos por el prójimo de manera desinteresada, que queremos ayudar, que no se sientan solos.

Por allí leí, en todo este tiempo que he estado leyendo muchísimo también, que el maestro aparece cuando el alumno está listo. No es que yo me considere una maestra, pero si pienso que a través de esta historia que les estoy contando puedo tocar a muchas personas, puedo tocar muchas almas, puedo hacer reaccionar a muchos. No solamente que estén pasando necesariamente por un DUI, sino a los que estén pasando por un momento de crisis y crean que no tienen oportunidad. A los que creen que su situación es la más complicada. A que no se queden allí hundidos en la crisis, en la culpa, en el fondo del pozo, sino que cambien su visión y busquen la manera de ver las cosas desde un punto de vista diferente.

Yo pude haberme quedado hundida allí, con mi cartelito de DUI escondido y pude haber seguido bebiendo, pude haber seguido acompañada de las mismas personas y haber continuado con el mismo estilo de vida. Beber y subirme en Uber por supuesto, porque no voy a ser tan estúpida de tropezar nuevamente con esa piedra cuando sé el dolor que causa el tropezón que todavía me estoy sobando. Yo pude haberme quedado en el papel de víctima y haberme hundido en la vergüenza, o pude haber hecho lo que estoy haciendo que es aprender mi lección.

Al ver ese evento desafortunado como una lección de vida, como un aprendizaje, decidí fortalecerme. Decidí que iba a salir adelante porque me lo merezco y mi familia también. Decidí que no tengo por qué avergonzarme por haber tenido un DUI, decidí develarlo a través de este libro y contárselo a todos.

Habrá quien me señale y me desapruebe, pero también quien me entienda, admire y me aplauda. No le tengo temor a nada de ello, me siento súper bien conmigo misma, me siento muy bien con el vuelco que ha dado mi vida.

Es sumamente importante rodearse de las personas correctas, y esas personas correctas que me acompañan hoy día son esas amigas que cuento con una mano. Solo dos de ellas viven en Miami. Una de ellas es Belleza y la otra es mi primera amiga que tuve en la universidad, incluso fue la primera amiga que hice en Caracas. La llamaré Miramar, ella entiende, la veo clarita soltando la risa y llamándome "pendeja".

Precisamente ella, me ha acompañado, desde el momento que le conté lo que me había sucedido no me juzgó, me apoyó, no me críticó, trató de fortalecerme. De igual manera Chucky que es como mi hermana ya que casi siempre estamos en la misma sintonía, de verdad que nos disfrutamos muchísimo.

Cuando tú te rodeas de las personas correctas tu mundo cambia, porque son personas que quieren sacar lo mejor de ti. Son personas que se alegran de tu bienestar, personas que no te critican ni juzgan, son personas que te apoyan y te dicen "No estoy de acuerdo contigo, pero cuenta conmigo" Que es el tipo de amistad que yo ofrezco.

Yo no te crítico, yo no te voy a juzgar ni a señalar, te voy a apoyar aunque no esté de acuerdo y siempre te voy a decir lo que yo estoy pensando y no lo que tú quieras que yo te diga. Si quieres que te diga lo que quieres escuchar, entonces le estás preguntando a la persona equivocada. Tienes que buscarte una hipócrita, que te aplaudirá como una foca y a tus espaldas dirá lo que verdaderamente piensa. Yo no soy hipócrita ni falsa, y eso me ha costado muchas amistades, porque a nadie le gusta escuchar verdades. Incluso a mí me duele escuchar verdades pero muchísimo menos me gustan las mentiras. Por eso, prefiero decir la verdad, porque entre una verdad y una mentira me disgusta menos la verdad. Quiero aclarar que cuando hablo de rodearse de las personas correctas, no estoy en lo absoluto refiriéndome a que antes del DUI estaba rodeada de las personas incorrectas, para nada, son mis amigas, siguen siéndolo aunque no las vea frecuentemente, siempre van a contar conmigo.

Creo que si levanto un teléfono y las llamo, les digo que las quiero acompañar, voy a ser bienvenida. A lo mejor por simple curiosidad, no lo sé, no pienso en eso, porque no pasó nada, ellas no me hicieron nada a mí, ni yo a ellas. Pienso que fue cosa de circunstancias simplemente nos distanciamos, yo necesitaba un tiempo conmigo misma, necesitaba reconciliarme con mi YO y encontrar mi horizonte, ellas siguieron en lo mismo. Yo cambié por lógica, yo fui la atropellada por un DUI.

Cuando me refiero a que te rodeas de las personas correctas, la ventaja de ello es que esas personas sacan lo mejor de ti, te ayudan a avanzar más rápido, pero todas las personas que tocan tu vida lo hacen por algo. Las casualidades no existen, son las causalidades. Vienen a tu vida a enseñarte algo, hay personas que llegaron a nuestra vida, la tocaron y se fueron, otras se quedan acompañándonos por más tiempo, otras pues se quedarán acompañándote toda la vida. Repito yo no juzgo a nadie y cuando me refiero a las personas correctas es a esas que sacan lo mejor de ti, la que es correcta para mí no tiene porque serlo para ti, cada quien tiene su nicho.

¿A qué llamo persona correcta? En mi caso, una persona que es positiva, que tiene siempre críticas constructivas, que te quiere ayudar, te apoya, te considera y se pone en tu lugar. Trata de entenderte, tiene una formación similar a la tuya, que te impulsa, en mi caso mis padres, mis hijos, mi ángel, mis amigas entrañables, mis 4 amigos.

Por ahí leí, entre tantos libros que he leído, que cuando estas rodeado de las personas correctas tu mundo cambia. Lo confirmo, es una gran verdad. Lo leí en el primer libro que me regalo mi ángel y quedé enganchadisima. Se llama *El coraje de triunfar.* Escrito por Rubén González. Yo no leí, me lo comí de hecho. A veces vuelvo y lo abro, y donde abro leo, me identifico muchísimo con el libro.

Estar En Sintonía Con Tu Mundo Y El Universo Porque Están Conectados.

Cuando te rodeas de las personas correctas, tu empiezas a estar en sintonía con todo tu alrededor. En este libro que les mencioné leí que cuando en un grupo tu eres el más sobresaliente, o el más inteligente, o cuando no percibes, o no estás aprendiendo nada de ese grupo, o sea, cuando el grupo no te está sumando, pues es el momento de cambiar de amigos, sin estar menospreciando a nadie.

Es simplemente asumir que ya estoy en otra sintonía, ya no me siento igual, estoy en búsqueda de otras cosas. Estoy superándome a mí misma, reencontrándome, reconciliándome conmigo misma. No estoy compitiendo con nadie sino superandome a mi misma.

Entonces, mi mundo y mi universo están conectados con el ego también. Una de las cosas que uno debe perseguir en la vida es que tus pensamientos, palabras y acciones tengan coherencia. Eso es una gran verdad que te da muchísima tranquilidad. El lograr que esas tres cosas se alineen en ti. Hay veces que tú piensas una cosa, pero haces otra. Dices una cosa pero haces otra, y a veces haces algo que ni siquiera pensaste o que ni siquiera dijiste que ibas a hacer. A todos nos ha pasado en algún momento, a mí me paso y me ha pasado muchísimas veces, cuando soy incongruente y entonces después no entiendo porque la gente no me entiende, y es porque, obviamente, estoy mandando señales equivocadas.

Al estar en sintonía, en este camino en el que he venido acompañada de mi ángel, han surgido muchísimas ideas dentro de mí. La principal es que quiero ayudar, quiero hacer labor social, lo que pasa es que claro obviamente no sé por dónde empezar.

¡Click! Acabo de Llenar Mi Vacío Y Tengo El Tanque Full.

¿A qué llamo click? ¿A qué llamo llenar mi vacío? A que encontré lo que voy a hacer, lo que quiero hacer, espero poder alcanzarlo, voy a luchar por ello. Voy a enfocarme en alcanzarlo, voy a ser disciplinada y lo lograré, porque la única manera de llegar al éxito es siendo disciplinado. Lo leí en el libro que les mencioné, lo he escuchado en miles de videos que he visto en YouTube de superación personal, de motivación.

Tus pensamientos deben ser positivos, tú debes visualizar tu éxito para poderlo alcanzar. Mientras más lo visualizas, más te enfocas, más te disciplinas y si estás 100% comprometida con tu sueño, la magia ocurre. Todas esas personas no pueden estar equivocadas, tiene que ser así y entonces, ya estoy más clara y tengo mi norte ubicado y en frente.

Capítulo 5:

ME AMO PORQUE ME

CONOZCO Y ME RESPETO, SOY

MAS FUERTE QUE NUNCA

ME AMO PORQUE ME CONOZCO Y ME RESPETO, SOY MÁS FUERTE QUE NUNCA

Toqué Fondo, ¡Sí!... Pero Me Impulsé.

Sí, toque fondo con esto del DUI. No me pude haber sentido peor, pero ese evento, ese error, no fue un fracaso, no lo va ser, no lo voy a permitir. No voy a permitir que la opinión de los demás me defina y se convierta en mi realidad, porque es ajena a mí.

Este error lo convertí en mi oportunidad, en mi mayor motivación para cambiar. Cada cambio que haces en tu vida, te abre la puerta para que una nueva oportunidad aparezca.

Cuando focalizas tu error como un aprendizaje, lo dejas en el pasado y traes contigo a tu presente la lección aprendida, todo cambia. La perspectiva cambia, la culpa deja de existir. La opinión de los demás pierde relevancia, te focalizas y empiezas a tener fe

119

en ti misma y esto es el mejor alimento para tu alma, te fortalece y genera paz, te respetas porque creces en tu interior.

Te conviertes en un mejor ser humano al no permitir que la opinión de los demás te afecte, que la culpa te afecte, que tus miedos se apoderen de ti. Te liberas y te conviertes en una mejor persona. Automáticamente desaparece esa sensación de estancamiento y negativismo.

Las personas negativas no llegan a ningún lado. Se les hace muy difícil encontrarse consigo mismas y visualizar un camino. Solo ven dificultades porque están todo el tiempo enfocados en la negatividad, en el pasado, en lo malo que les ocurrió y no avanzan.

Sí, Soy Fuerte.

Por primera vez en un buen tiempo, años podría decir, me paro frente del espejo y me reconozco como una persona fuerte. Recuerdo que muchas personas me lo habían dicho, pero nunca me sentí así. Siempre he pensado que mi fortaleza viene del apoyo de mis padres y mis hijos. Hoy sé que son parte de mi fortaleza, pero porque yo soy fuerte. Cada día me siento más fuerte, contenta y féliz, súper bien conmigo misma, me respeto cada día más.

Ya Ni Entiendo Porque Bebía.

Antes que nada quiero aclarar, no estoy juzgando a nadie que lo haga. No estoy diciendo que no voy a hacerlo nunca más o a lo mejor sí. Un día de estos me va a provocar tomarme una copa cuando salga de todo este trance, de toda esta etapa. Es mi pequeña condena personal, no me voy a dar el permiso de beber durante éste proceso bajo ninguna circunstancia. Punto aclarado continúo con mi historia.

Cuando tú quieres borrarte el DUI, el abogado lo solicita ante la juez y tienes que meterte en un programa que se llama "back on track". Entre las cosas que tienes que cumplir en este programa está el colocar un interlock (dispositivo) en el vehículo, que detecta si estas bajo la influencia, bien sea droga o alcohol. Cada vez que lo enciendes tienes que soplar sino se tranca el vehículo y no enciende, al rato mientras estas manejando tienes que volver a soplar, el interlock suena y tienes que hacerlo, algo así me explicaron los compañeros que tuve en las 12 sesiones que ya les conté. También, tienes otra opción (para aquellos que no tienen vehículo propio) de tener este aparato portátil cual celular, luce como esos de antes, un poco más pequeño que el primer ladrillo tan anhelado en aquellos tiempos. Te suena 3 veces al día y tienes intervalos de tiempo para soplar, mis compañeros de las sesiones decían que era la peor opción a seguir, no les gustaba para nada esta opción.

121

Voy a que me coloquen el aparato, hablando con el señor que me lo colocó, una persona sumamente agradable. Cabe destacar que este camino tortuoso me ha hecho encontrarme con personas muy amenas, solidarias, consideradas, nada juzgadoras. Este señor muy simpático me ofrece los dos productos, sorpresivamente me recomienda el portátil y empieza a explicarme las desventajas del dispositivo que colocas en el carro:

"Por ejemplo, si tu hija o tu mama agarra el carro van a tener que soplar, se sopla de una manera determinada porque sino el aparato no lee el soplido y manda la señal errada, te multan etc. No puedes utilizar un valet parking porque las veces que el carro se encienda hay que soplar. Si el valet bebió o utilizó algún tipo de droga va a salir y te va a afectar a ti. Te van a multar es a ti, y vas a tener que empezar de nuevo". Realmente una pesadilla total.

Claro con el del carro tú puedes beber, lo que no puedes es manejar. Puedes seguir bebiendo y usar uber, o hacerlo en casa, con el portátil no, porque tienes que soplar 3 veces al día. No hay chance de beber, es tres veces al día todos los días. Eso me descarta como alcohólica me dice el señor.

Lo pensé y me dije: Este error lo cometí yo, pues lo enfrento soy yo, dame el portátil, quiero limpiar mi nombre ante el juez, el abogado y el mundo entero. Tengo un DUI pero no soy alcohólica. Si tener un DUI me califica como una alcohólica, no voy a permitir que me coloquen esa etiqueta. El que me la quiera colocar pues es muy dueño de su opinión y muy libre de tenerla, a mí no me va a afectar. Yo voy a demostrarle al mundo entero que yo no soy una alcohólica. Tomé la opción del interlock portátil y aquí estoy soplando mis tres veces al día con éxito por supuesto y así seguiré hasta que me lo quiten y termine con esta pesadilla.

Aunque hoy por hoy no la visualizo como una pesadilla. Pienso más bien que fue una bendición, llámenme loca si quieren, algo así como cuando decimos "mejor es lo que sucede" ó "las cosas pasan por algo" Dios, el universo o como ustedes lo quieran llamar, yo digo que fueron ambos, colocaron este difícil reto en mi camino para que reaccionara, para que hiciera algo con mi vida. Tenía tres años en Miami sin hacer absolutamente nada, y yo siempre he sido una persona productiva, activa, ocupada. He pasado tres años de mi vida sentada en frente del televisor, con estos anestésicos contemporáneos, como lo son Netflix, el celular, Facebook, Instagram, etc, que son chéveres, pero hasta ahí. He visto películas y series súper interesantes y divertidas, de "Orange is the new black" me robé un par de tips que use la noche que comenzó todo. El Instagram es lo máximo, te mantiene cerca de lo que está sucediendo en el mundo, te informa, ves en que andan tu amistades, igualmente el Facebook, pero no puedes pasar tu vida detrás de un teléfono, o en frente de un televisor. Eso no es vivir, eso es existir, te convierte en un transeúnte nada más, no en una persona protagonista de tu vida.

El Vacío, Un Recuerdo Consciente, Pero Lejano.

A pesar de que me veo con muy pocas personas en mi día a día; mi hija y mi ángel, a quien voy dos veces a la semana, no me sieto sola. Hablo con una que otra amiga de vez en cuando y veo una que otra persona, pero esa angustia o vacio ya no existe.

Hoy por hoy no me siento sola ni vacía, me siento súper llena, plena, muy contenta con la persona en la que me estoy convirtiendo, cada día me reencuentro más conmigo misma, orgullosa de ser quien soy.

Disfruto cada momento de mi vida con máxima plenitud. Jamás pensé que lo podía lograr, siempre me pareció una exageración cuando escuchaba personas decir que se sentían de esa forma, yo me decía "están mintiendo, eso no existe, esa felicidad no existe". Pues sorpresivamente sí existe.

Descubrí que la felicidad está dentro de ti. Cuando estás contento y orgulloso de quien eres, filtras la calidad de tus pensamientos y tomas la decisión de sobrepasar tus errores, de aceptarlos y aprender de ellos dejando atrás toda culpa. Si eres agradecido por todo lo vivido tomando el control de tu vida, entonces y solo entonces sales adelante.

Tienes que ser feliz, no serlo ya no es una opción para ti.

Mi Sueño.

Un día me levanto, tenía terapia y venía escuchando un audio libro que me había regalado mi ángel, "como ser millonario en 21 pasos" o algo así. El título no me llamaba mucho la atención, nunca ha sido una meta para mí ser millonaria, ni nada por el estilo, pero lo escucho. No podía dejar de hacerlo por quien me lo había regalado, uno de los pasos que indicaba el audio libro es que tú debes buscar qué es lo que más te gusta hacer en la vida, lo que más disfrutas, porque obviamente, cuando haces lo que disfrutas, es muchísimo más fácil encontrar el éxito. Uno también tiene que cooperar y ayudarse.

Empiezo a pensar y me digo: pues no hay nada que a mí me guste más en la vida, que hablar, a mí me encanta conversar. El que me conoce lo sabe, hasta ustedes lo saben jajaja, yo arranco y no termino. Como dicen por ahí, tienen que darme una cachetada para que hable y doscientas para que me calle. Me encanta hablar, me encanta compartir con la gente, me encanta escuchar historias, entonces sí, me doy cuenta de que lo que yo más disfruto, es hablar.

Me digo, y si yo agarro y empiezo a… ¿Y si hago conferencias? ¿Y si empiezo a ayudar a la gente y doy charlas?, porqué en todo este caminar, en todo este trayecto, me pareció tan útil esa escuelita del DUI. Me parecieron tan aleccionadoras esas charlas a las que he asistido, donde te hablan víctimas y victimarios, como les cambió la vida en cinco segundos por la decisión imprudente de un conductor que estaba manejando bajo la influencia del alcohol. Ese que sintió que podía manejar perfectamente, que dijo "no importa, estoy a una cuadra de mi casa", y se llevó una vida por delante, atropelló a alguien y le desgració la vida de por vida. Él pagó con cárcel por su mala decisión, pero la persona atropellada quedó condenada de por vida a de repente ser un minusválido, a sufrir dolor.

Cuando ves de cerca esas tragedias y sabes que tú esa imprudencia la cometiste y te saliste con la tuya, que saliste bien librado, que la factura que te paso el universo fue gratis. Entonces empiezas a ver las cosas distintas.

Yo me pregunto, ¿Por qué no pasan este tipo de programas en los high schools? Ahí es cuando ya empiezan a manejar los jóvenes, se van al colegio con sus carros. Acá se empieza a manejar a los dieciséis años y se les crea consciencia. Ellos pueden comenzar a manejar a los dieciséis pero "legalmente" en este país se puede beber es a partir de los veintiuno. Entonces, que se acostumbren a manejar y agarren su experiencia al volante y jamás sean imprudentes al decidir que pueden manejar habiendo bebido, que no lo vean nunca como una opción.

¿Y si hago este tipo de charlas? Y de repente pienso que sí, que si lo podría hacer. Empieza mi debate mientras voy manejando hacia mi terapia. Y es a esto a lo que me refiero cuando digo que el universo te habla y es tu decisión si lo escuchas o no. Sigo debatiendo y Arnold asoma su cabezota y me dice: pero a ti te gusta hablar en la intimidad, entre personas que conoces. ¡Es verdad! siempre tuve miedo escénico. Recuerdo que en el colegio nunca me gustaba intervenir, siempre perdía los puntos de intervención porque no me gustaba que me interrogaran. Eso de subirte a un podio y hablar no deber ser sencillo. ¿Miedo? ¿Es en serio María Enriqueta?" Le lanzo una de mis miradas más intimidantes a Arnold y le dije "!Cállate!".

Alguien a quien admiro y quiero muchísimo me dijo que tengo un don para la comunicación, me prepararé y perderé el miedo, es solo eso, miedo, !yo si soy capaz! Para silenciar a Arnold y mi miedo temporal, si como lees es "temporal" me digo: ¿y si escribo un libro? ¿Y si toco vidas a través de mi libro?". Con solo tocar el cincuenta o treinta por ciento de las personas, o el diez, yo me sentiria que alcancé mi propósito, habrá valido la pena. Lo ideal sería que el cien por ciento de las personas que leyera mi libro, tomaran la decisión de no manejar habiendo bebido. Quiero ahorrarte el mal momento que he vivido y sigo viviendo en este proceso, quiero que se ahorren todo el dinero que he tenido que pagar para salir de esta situación. Eso es lo que yo quiero, que aprendan la lección a través de mí. Que nadie tenga que pasar por este trago amargo, que no ha sido nada fácil, y eso que mi caso es de los DUI más sencillos. Sobre todo quiero que recuerden lo valiosa que es su vida, lo importante que es que aporten su granito de arena. Quiero que entiendan que todos somos seres importantes. Tu vida es invaluable, irremplasable, debes cuídarte, quererte, protégerte como lo harías con un niño cruzando la calle. La vida de todos es muy, pero muy vulnerable.

Invierto En Mi Sueño.

Llegué a la terapia y le comenté a mi ángel mi idea y le pareció genial. Es que ella es "amazing" como dice ella. Es una motivadora, saca lo mejor de mí, me da muchísima fortaleza y me dice que le parece perfecta mi idea. Que no hay nada mejor para que una persona sienta empatía contigo y te escuche, que hables desde tu corazón, te abras con las personas y te descubras ante ellas. Eso te acercará y las podrás tocar y cambiar muchas vidas, salvarlas también, te escucharan.

Sé que me leerán personas que toman la decisión de manejar habiendo bebido, y rezo porque aprendan a través de mí y dejen de hacerlo. O cualquier persona que esté pasando por un momento de crisis o por un DUI y motivarla a encontrar una solución, a no vivir desde la culpa o victimizándose, porque hay que buscarle la vuelta a todo lo que nos sucede, hay que reinventarse. No podemos quedarnos sentados en el pesimismo ni en la negatividad.

Hay que sacudirse y levantarse. Salir adelante y buscar ayuda de ser necesario. Otra de las cosas que he leído más de una vez es que tenemos que rodearnos de las personas que te motiven, que creen en ti, y no de las que nos van a pasar la mano por el hombro y se van a lamentar junto con nosotros de nuestra crisis, de nuestra pérdida, de nuestra suerte. Mucho menos de las que viven para señalarte y criticarte sin aportar una solución. Esas, están todo el día diciéndote como debíste hacerlo, como si se pudiese cambiar el pasado, ¡NO!. Rodéate de las personas que te van a decir "tú si puedes... sal adelante", que no te van a dejar protagonizando el rol de víctima, que te aporten soluciones, apoyo, consideración, más no lástima.

Salí de mi terapia y me meto en instagram, porque obviamente sigo metiéndome en instagram, pero cada vez utilizo menos el teléfono. De hecho, semanalmente el teléfono me envía una notificación diciéndome que esta semana estuve menos horas usándolo, y eso es como un reto, me da muchísima satisfacción que cada vez estoy más lejos del teléfono, mientras más lejos lo tengo, más cerca de mi YO y más proactiva. Independientemente que este dentro de mi casa.

Entonces, me meto en instagram y ¿Cuál es mi sorpresa?...me quedo convencida de que lo que dice mi hijo es verdad, nos están espiando. Pareciera que el teléfono lo escuchara a uno. Si digo que quiero comprarme una cartera dorada, me meto en el Facebook y me salen publicidades de carteras doradas, ofertas de carteras. Y yo digo "¡cónchale, que casualidad! Una cartera como la estaba buscando, mira por aquí te metes y listo". Definitivamente es verdad lo que él dice, nos están espiando, porque abro el instagram y lo primero que me consigo es un post de pubicidad que decía algo así como "Como escribir un libro de manera rápida y sencilla!"... y yo "¿qué? Wow, ¿qué es esto?".

Por supuesto, solicito más información y cuando me doy cuenta estoy en un webinar y están hablando de lo que hacen. Diciéndote que eres capaz de lograrlo, que escribir un libro no es tan complicado, que lo puedes hacer, que te van a ayudar en todo el camino, en todo el trayecto. Compro mi paquete y me embarco en esta aventura, que ha sido súper enriquecedora.

En cuestión de cinco minutos pertenecía a un grupo de whatsapp de once integrantes, once personas que estaban igual que yo, queriendo compartir su historia, queriendo ayudar a otras personas. Cada uno desde su situación, desde su motivación, pero todos con el mismo ánimo, las mismas ganas y aportando ideas.

Todos pasan a ser mi equipo, con algunos del grupo hice match y empezamos a hablar por privado y entre todos nos hemos estado ayudando. Obviamente me he sentido súper acompañada, ¿cómo no me voy a sentir acompañada? si estoy rodeada vía whatsapp de personas que, además de que son 100% receptivas, tenemos en común que han convertido su situación en algo positivo, ha sido su impulso y se han motivado del aprendizaje que les quedo de su vivencia. Estamos todos accionando hacia una misma meta que es nuestro libro. Esta experiencia fue sido súper enriquecedora, toda una aventura. Me mantuvo súper motivada y despierta, ni dormía de la emoción con el libro en mi mente todo el tiempo.

Mi Libro.

Creé los capítulos, creé los títulos y creé los subtítulos. Me hice mi guía, seguí el lineamiento y sigo en modo esponja, asumiendo todo como un aprendizaje. Ya las cosas que me suceden y me disgustan no las veo como un ataque personal hacia mí, sino como una lección y trato de buscarle la vuelta a todo. Me pregunto ¿porque me está pasando esto?.

Quiero que analicemos juntos lo del DUI por si todavía no están convencidos y quieren seguir conduciendo después de haber bebido.

Existen dos situaciones cuando tienes un DUI en los Estados Unidos. Uno, el DUI para inmigrante o un turista, una persona que está acá con una visa, y el otro, que es el DUI que recibe una persona ciudadana o residente. Son dos circunstancias distintas.

La situación uno, para llamarla así, vives en Estados Unidos bajo un status migratorio o estás de turista, en ambos casos tu visa es lo que te permite estar aquí. Te costó tu buen dinero, abogado, inversión, gastos y cualquier cantidad de cosas. Tú sabes de lo que te hablo si este es tu caso, pues esto lo perdí, por no haber agarrado un uber de $10, estaba súper cerca de mi casa.

Perdí mi visa, sigo aquí porque legalmente tengo status hasta agosto del 2020. Si salgo no puedo volver a entrar. Gracias a Dios había salido del país y había entrado en agosto del 2018, lo que me dio una entrada por dos años según mi tipo de visa. Esto obviamente es súper importante para mí, para cualquier madre, ¿quién quiere perderse la graduación de un hijo? De no haber tenido esta holgura, me hubiese perdido este evento tan importante y hubiese tenido que irme de manera apresurada para Venezuela o para España, que son las dos alternativas que tengo. Sin planificarlo y donde seguramente me iba a equivocar y a enfrentarme a más de un tropiezo porque no son decisiones que se toman a la ligera. Esto lo tengo claro hace rato, cuando salí de mi zona de confort, que no es tan fácil como uno cree. Y empezar de nuevo en otra parte, ni que fuese divertido. El calendario me está alcanzando y empiezo a entender por qué mi papá no es amigo de estos cambios, de estas migraciones.

El fue un inmigrante, pero a los veinte años de edad. Se fue de España para Venezuela y a lo mejor es por eso que esta tan arraigado a nuestra querida Venezuela y se siente más venezolano que una empanada de pabellón.

Cuando tienes este DUI, pierdes la visa y sientes que perdiste todo. Me digo: Dios mío, ¿Por qué me pasó esto a mí? ¿Qué estaba haciendo yo de distinto en comparación al resto de mis amigas? ¿Por qué me escogiste específicamente a mí para vivir este evento?". Le haces esas preguntas al universo, le preguntas a Dios, o como lo quieras llamar, y te contestan:

1- No hay reto que Dios te ponga en frente que no puedas superar, él no quiere que fracases, él quiere que crezcas, te fortalezcas y confíes en tí.

2- A lo mejor tú eres el instrumento para crear consciencia.

Entonces hoy les pregunto a ustedes, si Dios o el universo te preguntase: "¿Tu vida o tu visa?¿Tu vida o un DUI sin visa?" como lo entiendas mejor, ¿Qué escogerías? Yo todos los días le doy gracias a Dios y al universo que eligieron por mí...mi VIDA. Lo más seguro para que escribiera este libro a todos ustedes y rezo por que un buen porcentaje así lo entienda y aprendan a través de mí.

No es que no bebas, es que no manejes cuando lo hagas. No importa lo bien y bajo control que te sientas. Lo cerca que estés de tu casa. No sabemos qué va a pasar. Nadie tiene una bola de cristal para leer el futuro.

Tu DUI puede venir acompañado de la palabra tragedia, que es con quien normalmente está casado según las estadísticas. Por esto el oficial no dejaba de decirme "pudiste haber matado a alguien por manejar habiendo bebido". Los que están como turistas, con su visa, que les permite estar dentro del país 6 meses máximo, perderán su visa y se quedarán con su record criminal, sin opción a una nueva visa porque el programa dura 9 meses, mas Corte, éste proceso puede dilatar un año o más. No les da tiempo a solucionar su situación sin caer en estatus ilegal. Diganme si vale la pena manejar habiendo bebido comparado con todo lo que arriesgas, cuando es tan sencillo y económico tomar un Uber, eso solo contemplando el que te den un DUI, lo más crucial aquí es que estas poniendo en peligro tu vida y la de los demás.

Para los que tienen residencia o son ciudadanos o no viven en los Estados Unidos y esta falta no es tan grave o tan estricta, les pregunto ¿un DUI o tu vida? ¿Manejar con cinco sentidos o tentar la palabra tragedia? La cual puede afectarte físicamente, o peor aún, desgraciarle la vida a alguien más o quitársela. Yo no voy a responder por ustedes, cada quien haga su introspección, conversen con su YO y respóndanse. La respuesta está dentro de ustedes, yo no se las puedo dar.

Aquí te dejo unas estadísticas importantes a considerar en tu conversación con tu YO interno, como mi mamá dice "para morir se necesita estar vivo" y si tú estás leyendo este libro, cumples con este requisito.

Aquí en los Estados Unidos, la causa número 1 de muertes en la carretera es el alcohol. Hay alrededor de 10.876 muertes trágicas por año, es decir, 30 muertes en un día y 1 muerte cada 48 minutos, solo porque alguien tomó la misma mala decisión de conducir habiendo bebido, la misma que tomé yo y tú si lo has hecho, o lo haces. Más de 320,000 están gravemente heridos. No creo que ninguno de ustedes esté interesado en formar parte de ninguna de estas estadísticas. Obtuve estos datos en una reunión de M.A.D.D. (Madres contra conductores ebrios) otro de los requisitos del "Back on Track", pueden corroborar éste dato en su página web.

Mi respuesta fue, gracias Dios, por haberme escogido un DUI. Por perder mí visa y no haberme quitado la vida o no habérsela quitado a alguien más. Gracias por haber despertado mi consciencia de la manera menos dura posible. Tuve que enfrentarme a un DUI para reaccionar, para tocar fondo y darme cuenta de que no estaba haciendo nada con mi vida, me había convertido en una transeúnte sin dirección. Estaba totalmente desmotivada y dejándome llevar por el flow sin una meta, sin nada.

Yo mi vida la tenía organizada, totalmente planificada. Soy muy de esquemas, muy "by the book". Hija única, trabajaba con mi papá y mi plan era seguir trabajando con Él, que mis hijos se fueran a la universidad, y cuando se graduaran, decidieran si regresar y trabajar con nosotros, o no hacerlo. Siempre he querido que tengan en frente el horizonte a plenitud y elijan hacia donde volar, es su vida. Ya yo estaba organizada. Tenía un trabajo asegurado de por vida, una empresa y todo cambió y es un cuento largo y fastidioso. Todos los venezolanos lo conocemos, a todos nos ha tocado y el mundo entero tiene conocimiento de la situación de Venezuela o de cualquier venezolano actualmente. No voy a hablar de eso porque, bueno, eso no tiene nada que ver.

Hablemos de Números.

En la escuelita de DUI la profesora nos dijo, agarren lápiz y papel y cálculemos cuanto le costaron los tragos de esa noche. No me voy a poner aburridora:

- El abogado me costó $ 4.000 sin tomar en cuenta el de inmigración (perdí la visa) que fueron $ 13.000 dividan entre 6, 5 copas de Prosecco y el último trago de vodka

- Sumen las 12 sesiones a $ 30 c/u, más 3 clases de repaso durante las sesiones $ 20 c/u, pruebas aleatorias de droga y alcohol, me tocaron 3 a $25 c/u

- Escuelita de DUI $ 293

- Programa online "YouImpact" $ 100

- El interlock $ 125 mensual por 6 meses

- Las "donaciones" porque no es opcional y viene incluida con el monto de $500

- Gastos de corte, el caso sigue abierto, no puedo decirles cuanto será. A estas alturas empeora el costo del trago.

Todo esto y más que no menciono porque ya me aburrí además todavía estoy en el proceso. Me salió bien caro el Happy Hour, solo tenía que haber agarrado un uber de $ 10 a mi casa, y aunque hubiesen sido $ 50 o hasta $ 100… ustedes comparen.

Además les quiero facilitar a los que les de flojera meterse en google, esta información que obtuve del libro que te dan en la escuela del DUI. El 5% del alcohol que consumes se va directo a tu Cabeza, el 95% restante a tu estomago e intestinos, por lo cual el BAC (Breath Alcohol Concentration) en español (Concentración de Alcohol en tu aliento) se verá afectado por el tiempo, tu peso, contextura física y la comida.

Tiempo: Un hígado saludable, elimina aproximadamente un trago estándar por hora.

Peso: En general, cuanto más grande el cuerpo menor el BAC.

Contextura: Cuanto más grasa haya mayor será el BAC.

Comida: Disminuye la velocidad de absorción, pero no la cantidad de alcohol en el cuerpo.

Florida, es un Estado de cero tolerancia. Un ejemplo: 12oz. de cerveza asumiendo que tu jarra sea de 12oz. a razón de 5% de alcohol por oz. lo multiplicas por 12 y ya te da 0.05 de alcohol. Una copa de vino de 3-5oz. igual, estos son los ejemplos más sencillos y de menos valor en grados de alcohol presentes en una bebida. El "limite" legal es 0.08, ya aclare que aunque te de el BAC 0.08 o menos, no es garantía de que no te pongan un DUI, eso dependerá de las consideraciones del oficial.

DUI puesto implica abogado si quieres pelearlo, pero esto no es lo más alarmante. Para cuando te digas, estoy bien solo fueron un par de copas, ese 5% ya se fue directo a tu cerebro, sin importar si comiste o no, si es gordo o flaco, eso va a tu cerebro sin distinción de sexo, raza, religión etc.

Voy a explicarte a partir de 0.05 que es un promedio de consumo dentro del Famoso "limite", repito en tu cerebro, no en como tú te sientes. Este dato es científico, no basado en tolerancia ni nada por el estilo. Con 0.05 ya tienes una evidente disminución de la coordinación, reacción visual y física más lenta, descuido, menor inhibición, comportamiento impulsivo y emociones exageradas. Con 0.08 dificultades en el habla, confusión y andar tambaleante. Con 0.11 pérdida de juicio, de inhibiciones y habilidad motora, habilidad de reacción muy deteriorada, torpeza y falta de coordinación. Con 0.16 incapacidad de coordinar mente y cuerpo y por supuesto va empeorando. Así que cuando dije me siento bien para manejar ya no tenía capacidad de coordinar mi mente y mi cuerpo. Mi juicio estaba totalmente nublado, el de cualquiera de mis amigas igual de nublado o peor. Ya el alcohol te quitó la capacidad de evaluarlo, cerebralmente hablando.

Para que entiendas mejor, para los que insístan en que és sólo una copa, si vas a un Neurólogo y no le mencionas la copita que te tomaste antes de la consulta, te va a mal diagnosticar porque cerebralmente tu coordinación, estimulación, acción-reacción, los ejercicios básicos que te practican van a estar alterados, claro quien se toma una copa antes de ir al doctor!? Pués el mismo que decide manejar depués de haberse tomado una copa.

Por eso repito y no me canso de darle gracias a Dios y mi Universo por mi DUI y despertar mi conciencia con una factura prácticamente gratis. No me vi involucrada en medio de una tragedia y aun así dentro de mi, como me sentí durante meses fue durísimo, no por la pérdida de dinero. El dinero es importante, pero no compra ni reemplaza todo, no compra tu autoestima, no te quita la vergüenza, la revocación de la visa en mi caso, mi imagen ante mis hijos y padres, mis seres queridos, no te borra el recuerdo de la peor noche de tu vida y lo que duele rememorarla.

Mi Mayor Satisfacción... La Ley Del Dharma.

No sé si conocen la ley del Dharma. Yo me enteré hace muy poco, porque me he convertido en una fanática de la lectura y ahora he cambiado Netflix por los libros, por charlas motivacionales en YouTube. Estoy haciendo un curso en este momento, online, que se llama "Curso de Gnosis". Gnosis es conocimiento y allí aprendí sobre la ley del karma que es lo que pagas en esta vida, las lecciones que tienes que aprender o deudas pendientes. Pero que también existe la ley del Dharma, que es la recompensa que te da el universo. Si haces el bien, te enfocas de manera positiva, ayudas a las personas que tienes a tu alrededor, tu motivación es siempre positiva, te ocupas de tu crecimiento personal y el de las personas que te rodean también, compartiendo tus conocimientos, ayudándolos a mejorarse, a superarse, eso el universo te lo recompensa, eso se llama "ley del Dharma" A mí me está sucediendo en este momento, con este libro, con la satisfacción personal que tengo, con lo contenta que estoy conmigo misma.

Este libro ha sido una recompensa para mí. He llorado mientras lo escribía. Me he reído también, recordando anécdotas y cosas.

Por mi manera de expresarme, tiendo a caer en comparaciones exageradas de las cosas, y con eso obviamente termino soltando una risa. Espero haberles robado una sonrisa a ustedes también. Ahora estoy tan ocupada, tan llena, tan plena, que no me alcanzan las horas. No me aburro en ningún momento del día, el 75 o 80% del tiempo tengo el teléfono en silencio, para que no me saque de mi enfoque, de a donde quiero llegar.

Me he convertido en una persona muy disciplinada, muy enfocada en mi meta. Esa es una de las maneras de alcanzar el éxito. Para mí, mi éxito es encontrarme conmigo misma, y el sentirme mejor con mi YO cada día. Es limpiar mi nombre. Estoy siendo bien disciplinada, he cambiado por completo todos mis hábitos. Hoy por hoy hasta ejercicios hago. No a diario pero si seguido. Los que me conocen saben que soy súper floja para hacer ejercicios, pero por fín arranqué ese famoso lunes y sigo haciendolo. Bien sea yendo al gimnasio, sino salimos a caminar o hacemos ejercicios en la casa. Hablo en plural porque este hábito lo practico con mi hija. Cada día estoy más cerca de mi sanación.

Mi Sanación.

Un día hablando con Chucky (una de mis hermanas de la vida que ya les mencioné) me doy cuenta de que este libro es una especie de sanación. Hablaba con ella del libro, más o menos se imaginaba de lo que lo estaba escribiendo por el titulo y el DUI. De este libro no sabía nadie, absolutamente nadie de mi familia, ni mis padres, solo mi hija porque vivía conmigo, ni ella sabía hasta ese momento y muy pocas personas saben de mi DUI. Obviamente, entre las personas que lo sabían estaba ella, y me dice "me imagino por dónde van los tiros del libro, me supongo que debe haber sido bien difícil y aleccionador escribirlo". Lo pienso y SÍ, una vez más mi amiga dió en el clavo. Sí, ha sido bastante aleccionador, este libro es mi sanación. Al terminarlo estoy reconciliada conmigo misma.

Sólo Para Mis Padres E Hijos... Mi Realidad, Mi Verdad.

Terminando de escribir, decido que tengo que extenderme un poquito más. De aquí en adelante, si lo leen, lo hacen por mera curiosidad. Estas páginas no van dedicadas a mis lectores, van dedicadas a mis padres y a mis hijos. A mis cuatro pilares, a los que amo y respeto. Tengo que explicarles mi realidad, mi verdad, como me veo yo ante ellos, tengo que pedirles perdón para terminarme de sanar.

En todo este tiempo que ha pasado me he dado cuenta que la verdad, la realidad, no existe, lo que existe son puntos de vista. El DUI me afectó de una manera, y el que yo haya tenido un DUI los afectó a ustedes de una manera distinta, yo necesito decirlo, necesito hablarlo, porque necesito sanar.

Con lágrimas en mis ojos, tengo que disculparme con ustedes y lo hago por esta vía, porque si nos sentamos a hablarlo, las lágrimas van a venir, y entonces va a venir por supuesto esa mano de apoyo, "hija tranquila", "mami tranquila", "no te preocupes, cálmate, no llores, todo está bien". Y no se trata de eso. Se trata de que tengo que decirlo, se trata de que me tengo que desahogar. Se trata de que ésta es mi realidad, ésta es mi verdad, esto es lo que yo estoy sintiendo. Cada vez que le veo los ojos a cada uno de ustedes, cada vez que los veo a la cara.

Empiezo por ti porque eres la cabeza de la familia, nuestra columna vertebral. Papi perdón, perdóname por haber sido tan descuidada. Cuando me pongo en tu lugar, yo como madre, que me ha tocado jugar los dos roles a la vez, el imaginarme que cualquiera de mis hijos se descuide de esa manera, cuando yo les he dedicado mi vida desde que nacieron, y que pongan en riesgo su vida cuando son mi tesoro más grande me volvería loca, no entendería por qué, ¿por qué lo está haciendo?, me preguntaría, ¿será que no sabe lo importante que es, lo valioso(a) que es? Entonces, papi perdóname por haberme descuidado, desde que llegue a tu vida solo me has cuidado y protegido, no sé si recuerdas, una vez me pediste en una carta "hija cuídate mucho que el vacio que dejarías en mí, nadie podría llenarlo" perdóname por no haberme cuidado. Me has dado todo lo que me has podido dar, el amor más profundo y sin ningún tipo de egoísmo. Perdóname por haber manchado nuestro nombre, nuestro apellido.

Yo lo voy a limpiar, lo estoy haciendo y lo voy a lograr. Todo esto lo hago porque para mí es muy importante que ustedes cuatro se sientan orgullosos de mí. Que esta experiencia quede atrás como una lección aprendida, no como una mancha en mi vida y en ninguna de las de ustedes.

Mami perdóname tú también porque me has dado lo mejor de ti. Siempre me has dicho lo que me quieres, lo importante que soy para ti y me lo has demostrado de todas las maneras habidas y por haber. Eres la mejor mamá del mundo, la mejor que pude haber tenido, la que mejor me ha complementado. Perdóname porque siento que te fallé y decepcioné, que te desilusioné, que menosprecié todo lo que me has dado y lo que has hecho por mí. Hice algo que hoy por hoy estoy segura que no cuentas, que no le dices a nadie porque no quieres que me señalen. Sigues como una leona defendiendo a tu cachorra la cual no es tan cachorra y es muy dueña de sus actos, y debe ser responsable de los mismos. Gracias mami por ser como eres, por siempre estar conmigo y ser esa leona que siempre me defiende.

Mis hijos, lo que más espero es que esta experiencia la hayan asumido ustedes como una lección ya aprendida. Ya son prácticamente un hombre y una mujer, dueños de sus actos y por ende responsables de los mismos. Mamá siempre va a estar obviamente. Mamá es como la abuela y el abuelo, siempre va a estar. Van a contar conmigo en las buenas, en las malas, con sus errores y con sus aciertos, siempre lloraremos y nos reiremos juntos.

También tengo que pedirles perdón por haberlos decepcionado, por haber cometido un error tan básico. En algún momento me han tenido que haber visto con desaprobación, porque esto no es una conducta que se pueda aprobar ni aplaudir. Por mucho humor que le haya querido imprimir al relato, no tiene nada de cómico y sé que a ustedes los tuvo que haber tocado. No es fácil tener una mamá que tiene todavía un antecedente criminal, que perdió una visa, que cometió una estupidez tan grande. Ustedes siempre me han admirado y han estado orgullosos de mí, y de quien soy.

También les quiero agradecer a los 4 porque hoy soy una mejor persona, mamá e hija. Gracias a ustedes, a su apoyo, son mi principal motivación. Los quiero por siempre, eternamente.

Esto sí es para todos, porque sé que siguieron leyendo, el ser humano es muy curioso, jeje. Voy a regalar oraciones o mensajes que me he escrito y son el resultado de lo que he aprendido hasta ahora. Quiero compartirlos con ustedes. Sigo estudiando, sigo aprendiendo, sigo viva y féliz, con muchas ganas de aportar mi granito de arena y dejar un legado en este mundo.

"Muchas veces el camino hacia tus sueños es duro y difícil... entonces busca toda la ayuda y motivación que te puedan dar, invierte en ti"

"Permitir que la opinión de los demás se convierta en tu realidad es un error, nadie te puede hacer sentir inferior si tú no se lo permites, NO lo permitas"

"Si haces tu mejor esfuerzo, harás una diferencia, cada rol es importante"

"Rendirte no es una opción, define tus metas, ponles fecha y comprométete con tu sueño"

"Los errores son lecciones, el fracaso no existe"

"Actúa con fe, es bueno para tu alma"

"Un cambio que hagas, es una nueva oportunidad de brillar"

"Deja de preocuparte y empieza a ocuparte"

"Eres valioso, eres importante, eres amado, cuídate, quiérete,

motívate, si yo puedo tú también puedes"

"Nunca pero nunca, bajo ninguna circunstancia manejes

habiendo bebido, trata de que nadie a tu alrededor lo haga"

"No tomes decisiones a la ligera, puedes estar subestimando la

magnitud de la consecuencia"

Desde mi corazón para el tuyo…

Gracias,

Gracias,

Gracias.

Para mí es muy importante tu opinión y contar con tu feedback, te dejo mis datos para que me contactes de la forma en que tu prefieras. También, me tomo el atrevimiento de recordarte me dejes un review en Amazon, es muy importante para la promoción del libro y lograr que el mensaje llegue a la mayor cantidad de personas, ayudame a expandirlo y salvar vidas, se parte de mi comunidad.

Muchas gracias por leerme y por tu apoyo

mariaenriquetacruzoficial@gmail.com
@mariaenriquetacruzoficial
Maria Enriqueta Cruz

NO MANEJES HABIENDO BEBIDO

(DON'T DRINK AND DRIVE)

Made in the
USA
Columbia, SC